DR. MED. VET. **PETRA KÖLLE**

SCHLANGEN

KOSMOS

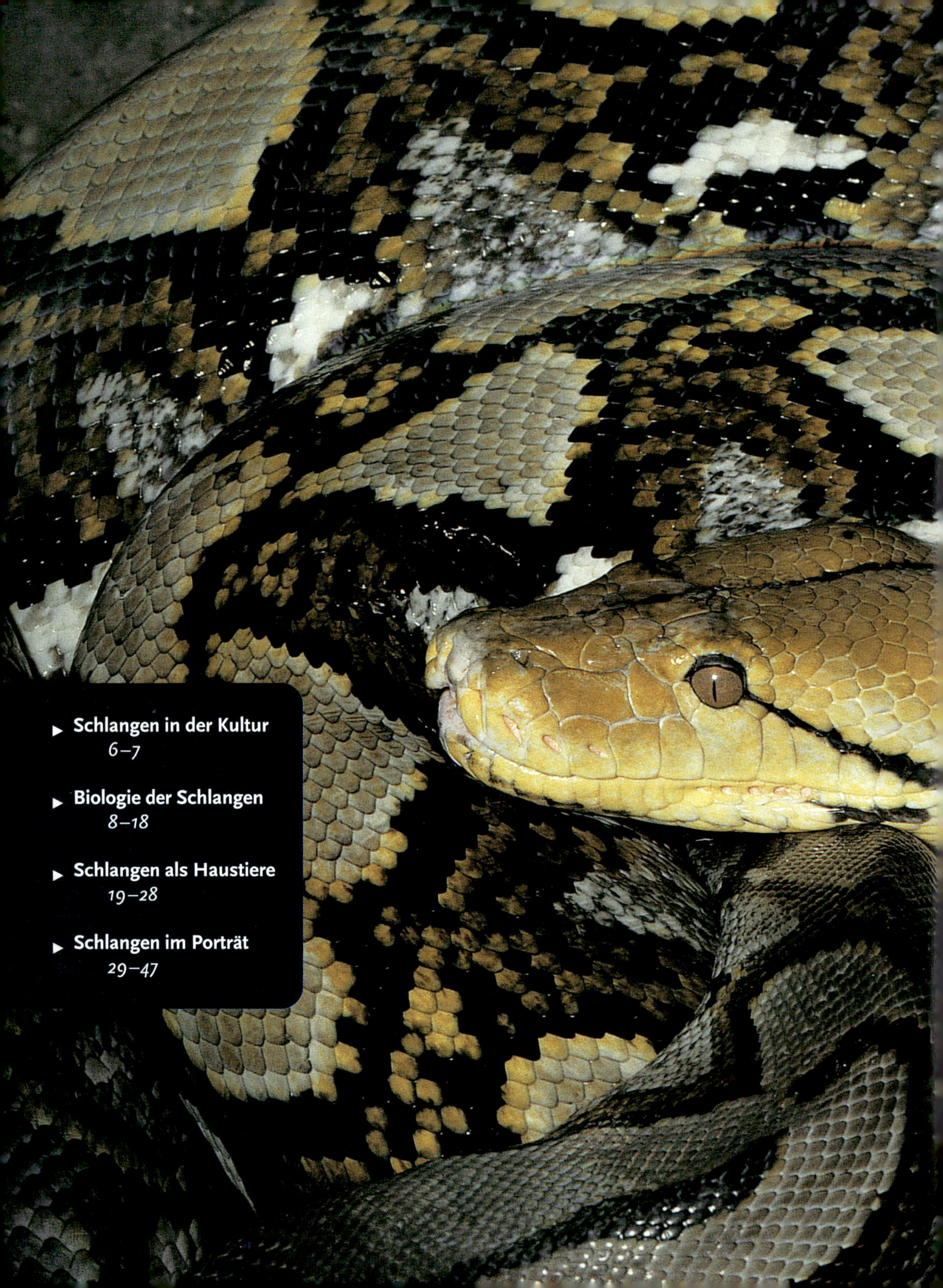

Schlangen rufen bei sehr vielen Menschen Ekel oder sogar panische Angst hervor. Allerdings wächst die Zahl derer, die diese Abneigung nicht teilen und sich ein solches Tier als Hausgenossen halten. Schlangen sind ideale Haustiere, da sie mit relativ wenig Pflegeaufwand zu halten sind, keinen Lärm und bei sauberer Haltung auch keine Geruchsbelästigung verursachen. Auch Menschen, die gegen Tierhaare oder Vogelfedern allergisch sind, müssen nicht auf ein Haustier verzichten. Allerdings sollte bedacht werden, dass bei der Haltung von Schlangen Allergien kurzfristig durch die Haare der Futtertiere auftreten können. Dieses Buch soll eine Einführung in die Schlangenhaltung geben. Nur mit ausreichendem Wissen können von Anfang an Fehler vermieden werden, sodass diese faszinierenden Geschöpfe artgerecht gehalten werden und viele Jahre Freude bereiten.

Verehrt und gefürchtet

Während Schlangen in der christlichen Welt als Verkörperung des Bösen gelten, sind sie in vielen anderen Kulturen heilige Tiere. In der Bibel wird die Schlange negativ besetzt, da sie Eva zum Genuss einer Frucht vom Baum der Erkenntnis veranlasste, was für Adam und Eva unter anderem die Verbannung aus dem Paradies zur Folge hatte.

VEREHRTE SCHLANGE Schlangen symbolisierten im ganzen Vorderen Orient dagegen Heilung und Fruchtbarkeit. In Babylon wurde seit mindestens 3000 vor Christus der Caduceus verehrt. Der Caduceus ist ein Stab mit zwei Schlangen, die ihre Köpfe nach außen wenden. Im alten Ägypten existierte eine Schlangengottheit namens Buto. Bei den Azteken gehörte ein Schlangengott namens Quetzalcoatl zu den wichtigsten Göttern und auch bei den Mayas spielte ein Schlangengott eine bedeutende Rolle, was nicht zuletzt an den zahlreichen Schlangenabbildungen der noch erhaltenen Mayabauten erkennbar ist. Im Buddhismus wird eine Kobra nicht selten als Beschützer Buddhas dargestellt.

ASKLEPIOSKULT In Griechenland war die Häutung der Schlange ein Symbol der Wiedergeburt, ewiger Jugend und Unsterblichkeit. Da die Schlange auch als weise und in der Kräuterkunde bewandert galt, avancierte sie zur Begleiterin des Stabes des Asklepios (lat. Äsculapius). Dieser legendäre griechische Gott der Heilkunst soll sich auf einen Stab, der von einer Schlange umringelt wurde, gestützt haben. Der Äskulapstab ist auch heute noch das Symbol der Ärzte und Apotheker. Überall in der griechischen Welt gab es die so genannten Asklepieien, d.h. spezielle Tempelanlagen. Die Patienten kamen zu diesen Tempelanlagen, die an klimatisch und hygienisch günstigen Orten mit reiner Luft und klaren Quellen lagen, um dort geheilt zu werden. Zum Asklepioskults gehören auch die Tholos, das sind kleine Rundbauten im Inneren des Tempelbezirkes, in denen die ungiftigen Äskulapnattern gehalten wurden. Anlässlich einer Pestepidemie 293 v. Chr. wurde der Äskulapkult in Rom eingeführt. Der griechische Gott avancierte zu einer der am meisten verehrten Göttern in der römischen Kaiserzeit. Mit den Römern kamen die Äskulapnattern nach Deutschland, wo sie jetzt noch in einigen Regionen zu finden sind.

SCHLANGENFESTE Auch in heutiger Zeit werden noch in Indien Schlangenfeste gefeiert, bei denen Schlangenbeschwörer Kobras in Körben mit sich führen und sie veranlassen, zu „tanzen“. Als Touristenattraktion sind im

Ein Schlangenbeschwörer mit einer Brillenkobra – eine beliebte Touristenattraktion.

Der Legende nach soll der meditierende Buddha von einer Kobra vor dem Regen beschützt worden sein.

asiatischen Raum Schlangenbeschwörer, die mit Gift- und Riesenschlangen auftreten, zu sehen. Außerdem spielen aus Schlangen hergestellte Medikamente (deren Wirksamkeit in vielen Fällen wissenschaftlich nicht nachweisbar ist) in der traditionellen chinesischen Medizin und generell im asiatischen Raum eine große Rolle, was erheblich zur Ausrottung mancher Schlangenarten beiträgt. Aus den Giften einiger Arten können Antiseren oder auch aus bestimmten Bestandteilen des Giftes wirksame Medikamente hergestellt werden. Die Giftgewinnung erfolgt nicht selten von in Schlangenfarmen gehaltenen Exemplaren, die regelmäßig „gemolken" werden. In unseren Breiten bedrohen der permanente Rückgang der Lebensräume und die Neigung vieler Menschen, alle Schlangen, die in ihre Nähe kommen, zu töten, die einheimischen Schlangenarten.

Biologie der Schlangen

Schlangen gehören zu der Klasse der Reptilien, die eine Wirbeltierklasse mit etwa 7.000 verschiedenen Arten darstellen. Reptilien traten im Verlauf der erdgeschichtlichen Entwicklung erstmals vor etwa 260 Millionen Jahren mit einer sehr großen Artenvielfalt auf. Die Blütezeit erfuhren sie vor 200 bis 60 Millionen Jahren. Zu Beginn des Tertiärs, also vor 67–2 Millionen Jahren starben jedoch viele Reptiliengruppen wieder aus. Schlangen leben seit Millionen von Jahren in Größe und Körperbau fast unverändert auf der Erde. Im Gegensatz zu den Riesenechsen sind die Riesenschlangen im Laufe der Evolution nicht von der Erde verschwunden.

POIKILOTHERMIE Ein wichtiges Kennzeichen der Reptilien ist die Poikilothermie, d.h. es handelt sich um wechselwarme Geschöpfe, die bezüglich ihrer Körpertemperatur stark von der Außentemperatur abhängig sind. Bei der Terrarienhaltung sollten Temperaturen, die im Präferenzbereich – abhängig von der jeweiligen Art, dem Verbreitungsgebiet und der Jahreszeit – liegen, eingehalten werden. Im so genannten kritischen Temperaturbereich, dem sich der tödliche Temperaturbereich anschließt, sind die Tiere nicht mehr in der Lage, ihre Bewegungen zu koordinieren. Letale, d.h. tödliche Temperaturen, die ebenfalls stark von Art und Individuum abhängig sind, liegen für Reptilien im Allgemeinen bei -7 bis -1 °C und im oberen Bereich bei 42–45 °C. Bei einzelnen Arten können diese Bereiche auch erheblich höher oder tiefer liegen.

VERBREITUNG Mit Ausnahme der Antarktis und Grönlands sind Schlangen weltweit auf der Erde verbreitet. Allerdings findet sich die größte Artenvielfalt in Gegenden mit wärmerem Klima. Schlangen besiedeln die verschiedensten Lebensräume wie zum Beispiel Regen-, Trocken- und Nebelwälder, Wüsten, Savannen, Gewässer und Meere und hier wiederum die verschiedensten ökologischen Nischen.

LEBENSALTER Über das Lebensalter von Schlangen finden sich sehr unterschiedliche Angaben. Allgemein kann davon ausgegangen werden, dass kleinere Schlangen wie die meisten Nattern im Terrarium durchaus ein Alter von 10–15 Jahren, in seltenen Fällen auch über 20 Jahre, erreichen können. Riesenschlangen können mit über 40 Jahren noch deutlich älter werden. Gerade kleinere,

Schlangen können wie diese Schönnatter (*Elaphe taeniura*) **in den verschiedensten Lebensräumen existieren.**

ungiftige Schlangen dürften in der Natur ein solches Alter jedoch nicht erreichen, da sie vielen Fressfeinden ausgesetzt sind.

Systematik

Schlangen sind bezüglich der Stellung im Tierreich folgendermaßen einzuordnen: Stamm: Wirbeltiere, Klasse: Reptilien (Reptilia), Ordnung: Eigentliche Schuppenkriechtiere (Squamata, das sind Echsen und Schlangen), Unterordnung: Schlangen (Serpentes). Danach erfolgt eine Aufgliederung in Familie, Unterfamilie, Gattung, Art und gegebenenfalls Unterart. Schlangen, die knapp 3.000 Arten aufweisen, können prinzipiell in Riesenschlangen, Nattern und Giftschlangen eingeteilt werden. Nattern stellen mit ca. 1.800 Arten den größten Anteil. Nur etwa 20 % der Schlangenarten gehören zu den eigentlichen Giftschlangen.

EINTEILUNG NACH ZAHNTYPEN In der zoologischen Systematik werden die Schlangen nach ihren Zahntypen eingeteilt: Echte Nattern, die als aglyph bezeichnet werden, weisen glatte Zähne ohne Längsfurche auf. Trugnattern, die für Menschen als mindergiftig gelten (auch hier gibt es Ausnahmen!), gehören zu den opisto-glyphen Schlangen und besitzen gefurchte Zähne, die sich weit hinten im Oberkiefer befinden und mit Giftdrüsen in Verbindung stehen. Die Giftnattern – als proteroglyph bezeichnet – weisen vergrößerte Fangzähne mit Längsfurche auf, durch die das Gift beim Zubeißen läuft. Die solenoglyphen Vipern und Grubenottern verfügen über weit vorne im Oberkiefer stehende Röhrengiftzähne, die einer Injektionskanüle ähneln.

Gut sichtbar bei dieser Kreuzotter: die Giftzähne vorn im Oberkiefer.

Der Schlangenkörper

Länge und Gewicht

Die Länge der verschiedenen Schlangenarten kann von 10 cm bis über 9 m reichen. Dementsprechend variiert auch das Gewicht von wenigen Gramm bis über 100 kg. Während die zu den Riesenschlangen gehörigen Anakondas bis über 9 m Länge erreichen sollen, gibt es auch einige klein bleibende Arten unter den Riesenschlangen, wie z.B. Zwergboas, die auch als adulte Tiere unter 1 m Länge aufweisen. Auch die als Terrarientiere beliebten Königspythons bleiben deutlich unter 2 m. Die kleinsten Schlangen gehören zu den so genannten Blindschlangen, von denen einige Arten gerade einmal 10 cm groß werden. Die Schnelligkeit des Wachstums hängt nicht unbedingt von Alter der Tiere, sondern vielmehr von dem Nahrungsangebot und der Umgebungstemperatur ab, sodass allein aufgrund der Länge einer Schlange kaum Rückschlüsse auf ihr exaktes Alter gezogen werden können. Schlangen wachsen wie alle Reptilien bis an ihr Lebensende, jedoch mit zunehmendem Alter immer langsamer. Daher müssen auch regelmäßig Häutungen stattfinden.

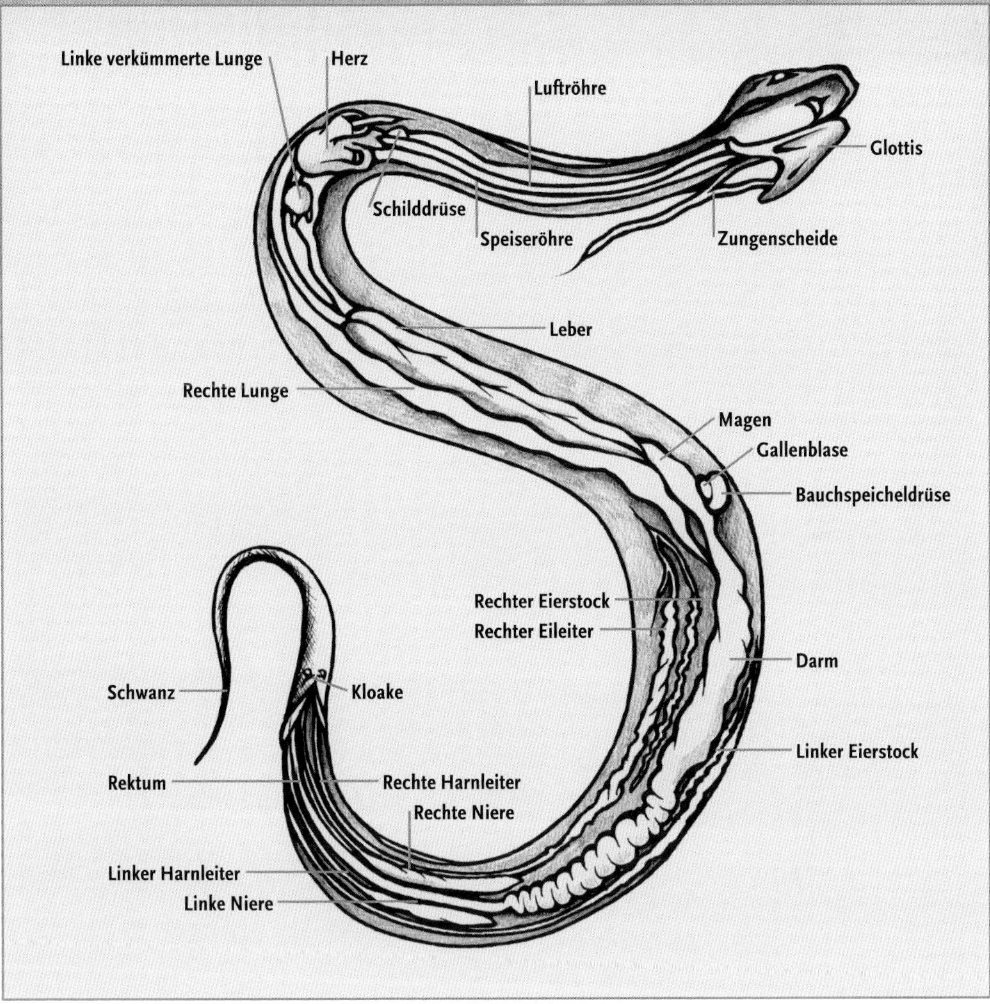

Anatomie einer weiblichen Schlange.

Körperbau

Schlangen sind durch den typischen lang gestreckten Körperbau, die fehlenden Beine und die daraus resultierende kriechende Fortbewegungsweise charakterisiert. Manche Riesenschlangenarten weisen noch Beckenrudimente in Form von Afterspornen auf. Die Wirbelsäule zeichnet sich bei Schlangen durch ihre Beweglichkeit sowie eine hohe Anzahl an Wirbeln (durchschnittlich 200–300 Stück) aus. Die Rippen beginnen an den Halswirbeln und enden infolge des fehlenden Brustbeins frei. Bei den Riesenschlangen sind noch Reste der Beckenknochen vorhanden. Am Schlangenschädel wird eine große Beweglichkeit, die das Verschlingen relativ großer Beutetiere im Ganzen gestattet, durch die Fähigkeit gewährleistet, die beiden auch gegeneinander beweglichen Unterkiefer aus den Gelenken auszuhaken und somit den Querschnitt des Maules ganz erheblich zu erweitern.

Eine Leopardnatter (Elaphe situla) **bei der Häutung. Äste werden gerne als Häutungshilfe angenommen.**

Innere Organe

Analog zu den Säugetieren finden sich bei Schlangen die folgenden inneren Organe: Gehirn, Herz, Lungen, Luftröhre, Speiseröhre, Magen, Leber, Gallenblase, Milz, Nieren, Bauchspeicheldrüse, Magen, Dünndarm, Dickdarm und Hoden, Nebenhoden und Samenleiter beim männlichen beziehungsweise Eierstöcke und Eileiter beim weiblichen Tier. Fast alle inneren Organe sind entsprechend der Körperform lang gestreckt. Die linke Lunge ist bei vielen Arten reduziert oder fehlt völlig. Eine Harnblase ist bei Schlangen nicht vorhanden. Da die Geschlechtsprodukte, Urin und Kot im Gegensatz zum Säugetier über eine einzige Körperöffnung abgegeben werden, wird diese als Kloake bezeichnet.

Die Haut

Die Haut der Reptilien ist von Schuppen bedeckt, die durch eine dünne, dehnbare Zwischenschuppenhaut miteinander verbunden sind. Im Gegensatz zu dem weit verbreiteten Vorurteil fühlt sich eine Schlange nicht kalt und glitschig, sondern vielmehr trocken und glatt an. Die Schuppen überlagern sich dachziegelartig nach hinten. Nur im oberen Kopf- und Nackenbereich sind sie zu Schildern umgebildet, die an den Rändern aneinander stoßen. Die Pigmentierung der Haut und damit auch die Farbmuster kommen durch Pigmente und die Lichtbrechung zustande. Letztere ist vor allem bei Afrikanischen Hausschlangen, Weißlippenpythons und Regenbogenboas für den schillernden Glanz der Haut verantwortlich.

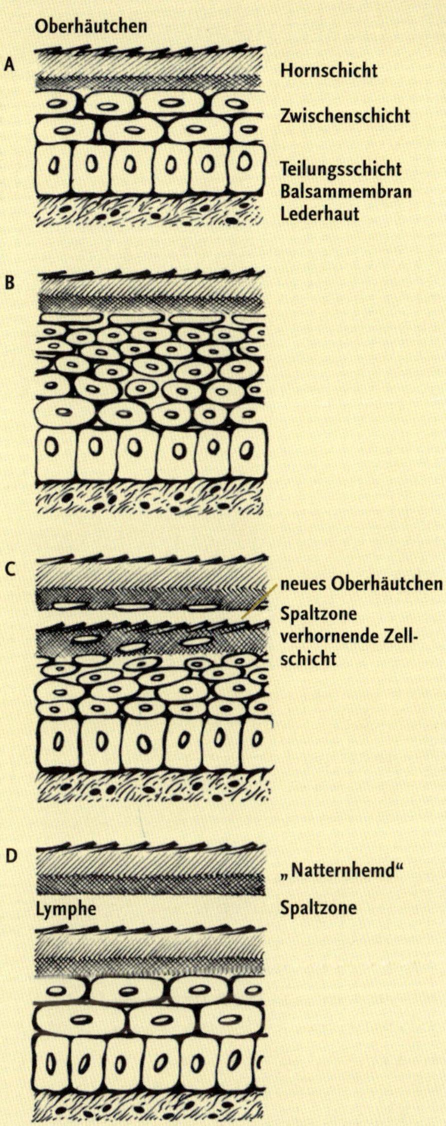

A Haut im Ruhestadium.
B Eine neue Hautgeneration entsteht: Die Zellen der Teilungsschicht teilen sich und bilden mehrere neue Lagen, die sich nach oben hin immer stärker abflachen. Die äußere Zellschicht der neuen Hautgeneration verhornt, ein neues Oberhäutchen entsteht.
C Die Spaltung zwischen der alten und neuen Hautgeneration zeichnet sich ab.
D Lymphflüssigkeit tritt in den Spalt ein. Sie weicht die alte Hautschicht, das sog. Natternhemd, auf und macht sie abstreifbar.

HÄUTUNG Schlangen häuten sich regelmäßig, wobei die alte Haut als das so genannte „Natternhemd“ in einem Stück abgestreift wird. Die zeitlichen Abstände zwischen den Häutungen variieren in Abhängigkeit zur Wachstumsgeschwindigkeit, die wiederum vom Futterangebot und der Umgebungstemperatur abhängt, sodass sich Jungtiere häufiger häuten als adulte Tiere. Zwischen der sich ablösenden alten Haut und der neuen bildet sich ein Flüssigkeitsfilm, der die Haut und die Augen trüb erscheinen lässt. Etwa eine Woche vor der Häutung wird die Brille trüb, um kurz vor der eigentlichen Häutung dann wieder klar zu werden. Während der Häutungsphase ist die Schlange meistens wenig aktiv und nimmt dann oft auch keine Nahrung zu sich. Bei Klapperschlangen werden die Hornringe der so genannten Rassel durch die Haut gebildet.

Die Sinnesorgane

Die verschiedenen Sinnesorgane sind bei den jeweiligen Schlangenarten an ihre unterschiedliche Lebensweise angepasst und daher verschieden ausgeprägt.

AUGEN Mit Ausnahme der unterirdisch lebenden Arten, deren Augen stark reduziert sein können, ist der Sehsinn relativ gut entwickelt. Allerdings werden meistens nur Objekte erkannt, die sich bewegen. Dementsprechend ist das Erstarren potentieller Beutetiere nicht auf den angeblich hypnotischen Blick von Schlangen zurückzuführen, sondern auf einen in manchen Fällen durchaus wirksamen Schutzmechanismus des Beutetieres. Im Gegensatz zu Säugetieren dürfte bei Schlangen kein Farbensehen vorhanden sein. Die Augen sind von der so genannten Brille bedeckt, die durch die verwachsenen Lider gebildet wird und das Auge wirksam

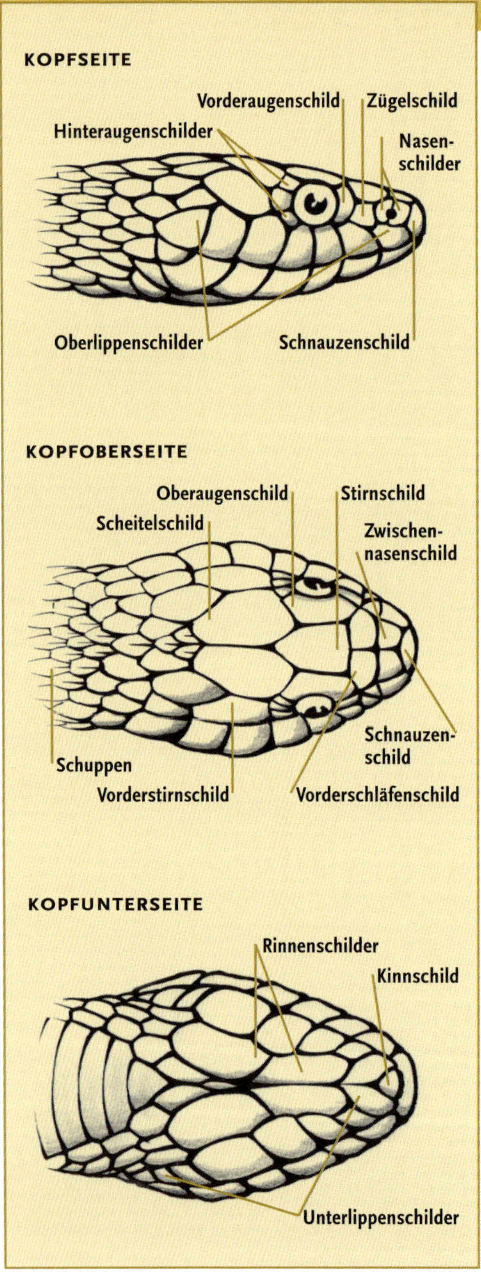

Kopfschilder bei Schlangen und ihre Bezeichnung.

gegen mechanische Einwirkungen schützt. Die Brille ist für den sprichwörtlichen „starren Blick" verantwortlich und wird bei der Häutung mit der übrigen Haut erneuert. Die Pupillen sind bei tagaktiven Schlangen meistens rund, während nachtaktive Schlangen häufig senkrechte, schlitzförmige Pupillen aufweisen. Die Fokussierung von Objekten erfolgt nicht wie beim Menschen und bei den meisten anderen Tieren durch eine Verformung, sondern wie bei Fischen und Amphibien durch eine Lageverschiebung der Linse.

GERUCHSINN Der Geruchssinn ist bei den meisten Schlangen hervorragend ausgebildet. Der Geruchssinn dient der Orientierung sowie dem Auffinden und Identifizieren von Beute. Mit dem Züngeln werden über die Zunge Geruchsstoffe aus der Umgebung aufgenommen und an das Jacobsonsche Organ am Gaumendach weitergeleitet.

GRUBENORGAN Mit dem nur bei bestimmten Schlangenarten vorhandenen Grubenorgan, dem die Grubenottern ihren Namen verdanken, kann Wärmestrahlung, wie sie von anderen Tieren – also potentiellen Beutetieren oder auch Feinden – ausgeht, wahrgenommen werden. Dabei können Temperaturunterschiede von 0,003 Grad Celsius von Schlangen erkannt werden. Die Riesenschlangen besitzen so genannte Lippengruben, die der gleichen Funktion dienen.

HÖRSINN Schlangen besitzen kein Außenohr, kein Mittelohr und kein Trommelfell, sodass sie Geräusche nicht zu hören vermögen. Allerdings können Schlangen auch allerkleinste Erschütterungen wahrnehmen, wobei bestimmte Knochen (Gehörknöchelchen und Quadratum) Erschütterungen des Bodens zum Innenohr leiten, wo sie im Gehirn ausgewertet werden.

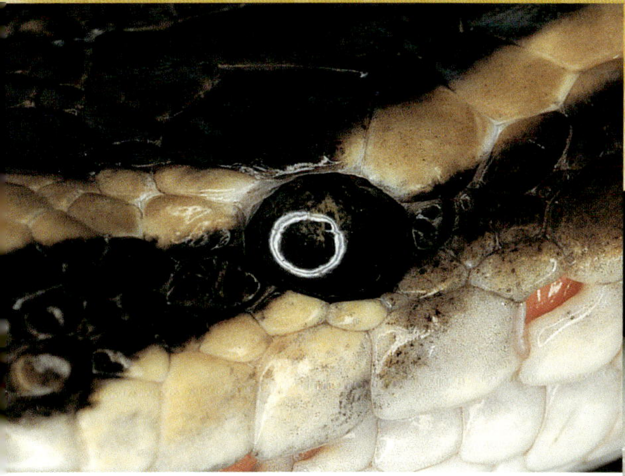

Die Augen weisen bei Schlangen keine Lider auf. Diese sind zu einer so genannten Brille verwachsen.

Bei Riesenschlangen sind noch Beckenrudimente in Form von Afterspornen vorhanden.

Fortbewegung

Trotz fehlender Beine können Schlangen sich geschickt in fast jeder Umgebung fortbewegen und sind in manchem Terrain sogar Zwei- und Vierbeinern überlegen. Wenn auch die Schuppen glatt erscheinen, so besitzen sie doch massenhaft Einkerbungen, die eine Art Gleitschiene bilden und auch eine Fortbewegung auf glatten Flächen sowie das Klettern ermöglichen. Verschiedene Fortbildungsarten können unterschieden werden:

SCHLÄNGELN Das Schlängeln ist die häufigste Fortbewegungsart. Das Tier ist dabei in kontinuierlicher Bewegung und jeder Punkt des Körpers bewegt sich nacheinander über denselben Punkt am Boden.

SCHUB DURCH SEITLICHES VERRUTSCHEN Wenn sich Schlangen auf glatten Flächen befinden, werden großräumige Schlängelbewegungen ausgeführt. Allerdings ermöglichen diese Bewegungen nur ein langsames Vorwärtskommen. Der Kopf und der Hals werden auf den Boden aufgelegt und lösen von diesem statischen Punkt eine Wellenbewegung des Körpers aus.

ZIEHHARMONIKA-KRIECHEN Diese Art der Fortbewegung wird vor allem von massigen Schlangen auf einem glatten Untergrund oder von Nattern, die an Baumstämmen oder Mauern hinauf kriechen, praktiziert. Ein Abschnitt des Körpers stellt statischen Kontakt mit dem Untergrund her, während ein anderer Körperabschnitt, von diesem Berührungspunkt ausgehend, gezogen oder geschoben wird.

SEITENWINDEN Das Seitenwinden kann gut bei Schlangen auf sandigem Untergrund beobachtet werden und wird speziell auf einem ebenen und mäßig rauen Boden eingesetzt. Die Schlange hebt den Kopf und einen Teil ihres Körpers. Dieser wird nach vorne und zur Seite geschwungen und berührt dann wieder den Boden. Gleichzeitig bildet sich wieder eine neue Windung, sodass sich die Schlange seitlich vorwärts

Eine Pfeilnatter in Verteidigungsstellung. Der Hals ist gekrümmt, um schnell vorstoßen zu können.

bewegt. Besonders ausgeprägt ist diese Fortbewegungsart bei der Hornviper *(Cerastes cerastes)*, der Zwergpuffotter *(Bitis peringueyi)* und der Seitenwinder-Klapperschlange *(Crotalus cerastes)*.

GRABEN Es gibt einige Schlangenarten, die eine mehr oder weniger unterirdische Lebensweise besitzen und sich dementsprechend in der Erde fortbewegen, zum Beispiel Angehörige der Blindschlangen, Rollschlangen und Sandboas.

SCHWIMMEN Prinzipiell können alle Schlangen schwimmen. Sie bewegen sich dabei mit schlängelnden Wellenbewegungen vorwärts. Ruderschwanzschlangen leben sogar ausschließlich im Meer.

KLETTERN Auch viele Boden bewohnende Schlangen können hervorragend klettern. Baum bewohnende Spezies, z.B. Gartenboas *(Corallus enydris)*, weisen nicht selten einen ausgeprägten Greifschwanz auf, um sich im Geäst verankern zu können.

SPRINGEN Einige wenige Schlangen, wie z.B. die Lanzenotter *Bothrops nummifer*, können von kleineren Erhebungen aus bis zu einem Meter weit springen, um eine Beute zu ergreifen. Sie stoßen sich mit dem Schwanz von einem Widerhalt ab und schleudern den Körper nach vorne. Die Schmuckbaumnatter *(Chrysopelea ornata)* kann von einem Baum heruntersegeln, wobei sie Strecken von bis zu 10m zurücklegen kann. Dabei werden der Körper versteift und die Rippen abgespreizt, um die Fallgeschwindigkeit abzubremsen.

Nachdem das Beutetier durch Erwürgen getötet wurde, beginnt der eigentliche Fressakt.

Ernährung

Schlangen sind ausnahmslos räuberisch lebende, also karnivore Tiere. Der größte Teil ernährt sich von Kleinsäugern, viele Arten auch von Vögeln, Amphibien und/oder anderen Reptilien. Das Nahrungsspektrum ist unter natürlichen Bedingungen abhängig von der Größe der Schlange und den im Lebensraum verfügbaren Angebot. Es kann auch im Laufe des Schlangenlebens sowie im Jahresverlauf wechseln. So sollen Jungtiere mancher Arten, die sich als adulte Tiere von Säugern und Vögeln ernähren, auch Insekten fressen. Es sind auch einige Nahrungsspezialisten bekannt wie beispielsweise die Schnecken fressende Schneckennatter *(Dipsas indicus)*, die Eier fressende Afrikanische Eierschlange *(Dasypeltis scabra)*, die Insekten fressende Grasnatter *(Opheodrys aestivus)* und die Schlangen fressende Königskobra *(Ophiophagus hannah)*. Wie bei warmblütigen Räubern ist der Darmtrakt bei Schlangen relativ kurz und beträgt nur 28–175 % der Körperlänge, was im Vergleich zu Pflanzenfressern (bis 2000 % der Körperlänge) sehr wenig ist. Zahlreiche Schlangenarten sind mit einem hochspezialisierten Giftapparat, der sich von den Speicheldrüsen ableitet, ausgerüstet. Er wird zum Beuteerwerb, aber auch zur Feindabwehr eingesetzt.

SCHLINGAKT Sobald das Beutetier nach Erdrosseln oder durch Gifteinwirkung bewegungsunfähig ist, wird es in die Mundhöhle geschoben, in der Regel nach ausgiebigem Bezüngeln mit dem Kopf voran und somit mit dem Fellstrich (bzw. in Richtung der Federn). Nur Lurche oder relativ kleine Beutetiere werden gelegentlich von hinten oder sogar quer geschluckt. Beim Schlingakt ermöglicht erst ein schlangentypischer Mechanismus das Herabwürgen der Beutetiere, die im Verhältnis zum Schlangenkopf oft sehr groß wirken: die Beweglichkeit der Unterkieferknochen zueinander und gegen das Gaumendach. Während des Schlingaktes, der je nach Größe der Schlange und des erbeuteten Tieres Minuten bis Stunden dauern kann, bewegen sich die Unterkieferäste abwechselnd weiter vor und stülpen so den Kopf Schritt für Schritt über das Beutetier. Sobald der vordere Teil des Futtertieres an der Speiseröhre angelangt ist, wird es mittels wellenförmiger Bewegungen der Speiseröhre und der darum liegenden Muskulatur weiter Richtung Magen geschoben. Wenn das Futtertier im hinteren Teil der Speiseröhre angelangt ist, macht die Schlange „gähnende“ Bewegungen, um die Unterkieferknochen in ihre normale Position zu bringen.

Fortpflanzung

Männliche und weibliche Tiere lassen sich bei Schlangen allein anhand des Aussehens in den meisten Fällen nicht voneinander unterscheiden. Ein solches unterschiedliches

INFO

Besonderheiten und Superlative

▶ **SCHNELLIGKEIT** Die schnellste an Land lebende Schlange ist die Schwarze Mamba. Sie ist in Afrika beheimatet ist und kann Geschwindigkeiten bis über 10 km/h erreichen.

▶ **GRÖSSE** Als die größte Schlangenart der Welt gilt die Anakonda *(Eunectes murinus)* aus dem Amazonasgebiet. Sie soll ausgewachsen eine Länge von über 9 Metern und ein Gewicht von über 100 kg erreichen. Die asiatischen Netzpythons werden mit über 9 Metern praktisch genauso lang, aber nicht so schwer wie Anakondas. Die kleinsten Schlangen der Welt gehören zur Familie der Blindschlangen und erreichen ausgewachsen je nach Art nur eine Länge von etwa 10 cm. Die Eier dieser Schlangen sind oft nur reiskorngroß.

▶ **FUTTERTIERGRÖSSE** Schlangen können Beutetiere verschlingen, die ihren eigenen Körperdurchmesser um ein Vielfaches übertreffen. So wurde z.B. ein Leopard im Magen eines 5,50 m langen Pythons gefunden.

▶ **GIFTIGKEIT** Als giftigste Schlange der Welt gilt der australische Taipan *(Oxyuranus microlepidotus)*. Mit dem wirksamsten Gift der Welt kann der Taipan theoretisch mit einem Biss eine Viertelmillion Mäuse töten. Allerdings produzieren Vipern höhere Giftmengen als der Taipan.

Bevor Sie sich eine Schlange anschaffen, sollten Sie sich gut informieren. Netzpythons haben einen großen Platzbedarf.

Aussehen von männlichen und weiblichen Tieren findet man nur als seltene Ausnahme z.B. bei Kreuzottern *(Vipera berus)*. Bei einigen Schlangenarten werden die weiblichen Tiere größer und kräftiger als die männlichen Tiere. Nach einer mehr oder weniger langen Phase der Werbung erfolgt die Begattung mittels der bei den männlichen Tieren vorhandenen Hemipenes (Einzahl: Hemipenis), von denen einer während der Paarung in die Kloake des Weibchens eingeführt wird und der Übertragung des Samens dient. Schätzungsweise 70 % aller Schlangenarten sind Eier legend. Pythonspezies sind Eier legend (ovipar), während Boas lebend gebärend (ovovivipar) sind. Bei den ovoviviparen Arten entwickeln sich die Eier im Mutterleib. Die Jungen schlüpfen kurz vor oder während der „Geburt" aus dem Ei. Nattern sind mit einigen Ausnahmen (wie z.B. Strumpfbandnattern) Eier legend. Bei den Giftschlangen gibt es Eier legende und lebend gebärende Arten.

Überlegung vor dem Kauf

Bevor Sie sich ein Terrarium samt Schlange als Hausgenossen anschaffen, sollten Sie folgende Fragen abklären:

HALTUNG ERLAUBT Ist Schlangenhaltung in der Wohnung erlaubt? Viele Vermieter sehen Schlangenhaltung als einen Kündigungsgrund an und bekommen zum Teil sogar vor Gericht Recht. Selbst in Eigentumswohnungen kann es zu Problemen kommen, wenn Nachbarn oder andere Eigentümer von der Schlangenhaltung erfahren.

VORSCHRIFTEN Falls Sie eine Riesenschlange halten wollen: Ist dies in dem Bundesland, in dem Sie wohnen, erlaubt? In einigen Bundesländern sind für die Haltung von Riesenschlangen und Giftschlangen spezielle Genehmigungen erforderlich, auch wenn Sie nur einen harmlosen Königspython oder eine Zwergboa halten wollen (S.116).

FAMILIENMITGLIEDER Sind alle anderen Familienmitglieder mit einer Schlange als Haustier einverstanden? Unterschätzen Sie diese Frage nicht, Schlangen können durchaus zum Trennungsgrund von Partnern werden.

KENNTNISSE Verfüge ich über ausreichende Kenntnisse zur artgerechten Haltung der ausgewählten Schlangenart und habe ich mir bereits genügend Literatur zur Haltung von Schlangen beschafft und gelesen?

PLATZ Habe ich den Platz für eine Schlange? Falls die Wunschschlange einer größer werdenden Art angehört, ist unter Umständen ein erheblicher Platzbedarf für ein entsprechendes Terrarium erforderlich. Dem Tier als Ausgleich für ein zu kleines Terrarium dann „Auslauf" in der Wohnung zu gewähren, ist aufgrund der meist zu niedrigen Umgebungstemperaturen und der damit verbundenen Erkältungsgefahr für das Tier keine artgerechte Haltung und keine Lösung!

FÜTTERUNG Habe ich eine Quelle, von der ich regelmäßig geeignete und qualitativ hochwertige Futtertiere beziehen kann? Oder habe ich die Räumlichkeiten und die Zeit, um die meist geruchs- und zeitintensive Zucht von Futtertieren zu betreiben? Kann ich damit leben, meiner Schlange lebende Futtertiere zu verabreichen oder die Futtertiere gegebenenfalls selbst abzutöten? Viele Schlangen lassen sich zwar auf tote Futtertiere umstellen, allerdings nicht alle.

KOSTEN Habe ich den Kostenfaktor beachtet? Es werden zum Teil erhebliche Kosten nicht

Perlnattern sehen wunderschön aus. Sie sind aber sehr lebhaft und benötigen daher ein großes Terrarium.

nur für die Anschaffung und Ausstattung eines Terrariums fällig, sondern auch für die laufende Versorgung mit Futtertieren. Gerade bei heiklen Schlangen wie z.B. Königspythons, die ausschließlich Gerbils als Futter annehmen, oder für andere Nahrungsspezialisten sowie für große Schlangen kann dies auf Dauer teuer werden. Nicht zuletzt sind auch Tierarztkosten dazuzurechnen, z. B. für regelmäßige Kotuntersuchungen. Im Krankheitsfall kann eine Tierarztrechnung durchaus den Wert der Schlange weit übersteigen.
ÜBERWINTERUNG Ist eine Überwinterungsmöglichkeit wie z. B. ein kühler Keller oder Speicher vorhanden, falls eine Schlange gepflegt wird, die unter natürlichen Bedingungen Winterruhe hält?

ZEIT Habe ich die Zeit, mich mit dem Tier zu beschäftigen? Schlangen müssen zwar nicht Gassi gehen und benötigen im Vergleich zu vielen anderen Haustieren relativ wenig Zeit und Pflegeaufwand. Allerdings sollte man täglich im Durchschnitt eine Viertelstunde für Kontrolle des Tieres und der Geräte sowie eventuelle Reinigungsarbeiten einplanen. Einmal monatlich sind ein paar Stunden für eine Generalreinigung nötig.
URLAUB Ist eine Urlaubsvertretung vorhanden? Gerade bei Schlangen kann es schwierig sein, jemanden für die Urlaubszeit zu finden, der diese Tiere auch wirklich gut betreut.

INFO

Quarantäneterrarium bereithalten
Vor der Anschaffung der Schlange muss bereits ein Quarantäneterrarium bereitstehen (Seite 75). Nach der Quarantäne kann die Schlange in das für sie bestimmte und voll eingerichtete Becken umgesetzt werden. Die technische Ausstattung muss adäquat eingestellt sein, sodass die Temperatur und die Luftfeuchte stimmen und nicht nach dem Einsetzen der Schlange noch herumexperimentiert werden muss. Das würde das Tier nur unnötig stressen.

Schlangenkauf

Welche Schlange soll es sein?

Welche Schlange man sich anschaffen will, hängt oft vom persönlichen Geschmack ab. So bevorzugt mancher elegante, lebhafte Arten wie z.B. Strumpfbandnattern oder Kornnattern, ein anderer ruhige, größere und imposantere Spezies. Manche Arten z. B. Kornnattern, werden in der Regel leicht zahm und können auch aus dem Terrarium herausgenommen werden, auch wenn Schlangen prinzipiell keine Kuscheltiere sind. Einige Arten wie beispielsweise Gartenboas werden fast nie zahm, sondern bleiben auch als Nachzuchten reizbar und bissig. Dagegen sehen sie, wenn sie auf ihren Ästen hängen, sehr dekorativ aus.

EIGENE ERFAHRUNG Auf jeden Fall sollte aber die persönliche Erfahrung bei der Auswahl berücksichtigt werden. Während einige Schlangenarten, z. B. Kornnattern, gut für Einsteiger geeignet sind, erfordert die Pflege anderer Arten (z. B. Baumpythons), schon einige Erfahrung, um die Tiere über längere Zeit gesund zu erhalten und vielleicht auch nachzuzüchten. Die Hemmung vieler Menschen, lebende Futtertiere zu verfüttern, ist sicherlich ein Faktor für die Beliebtheit von Strumpfbandnattern, da diese Schlangen mit Fischstückchen und Regenwürmern ernährt werden können. Weitere Schlangen, die ebenfalls keine Säuger als Beutetiere auf ihrem Speiseplan haben, sind Eierschlangen und Grasnattern. Diese sind aber nur unter bestimmten Voraussetzungen erfolgreich zu halten (siehe Artenbeschreibungen) und für Einsteiger weniger geeignet.

JUNG ODER ALT? Ob ein Jungtier oder ein bereits erwachsenes Tier angeschafft wird,

INFO

Gebräuchliche Abkürzungen
Es ist von Vorteil, verschiedene Abkürzungen zu kennen. Gebräuchlich sind vor allem:
NZ = Nachzucht
DNZ = deutsche Nachzucht
FZ = Farmzucht
1,0 = männliches Tier
0,1 = weibliches Tier
1,3 = 1 Männchen und 3 Weibchen
0,0,1 = ein Tier unbekannten Geschlechtes

hängt sicherlich davon ab, welche Tiere gerade im Angebot sind. Jungtiere sind günstiger in der Anschaffung, aber meistens empfindlicher als ausgewachsene Tiere. Außerdem benötigt man gerade für kleine Jungschlangen Babymäuse oder Springer (bereits behaarte Jungmäuse), die nicht in so reichlicher Menge im Handel im Angebot sind wie erwachsene Mäuse.

EINE ODER MEHRERE? Ob man in ein Terrarium eine oder mehrere Schlangen setzt, hängt zum einen von der Größe des Terrariums, aber zum anderen auch davon ab, ob man züchten möchte oder nicht. Normalerweise sind Schlangen Einzelgänger. Daher spricht nichts dagegen – im Gegenteil, oft bietet es viele Vorteile –, Schlangen einzeln im Terrarium zu pflegen. Auf keinen Fall sollten Schlangen verschiedener Arten in einem Terrarium vergesellschaftet werden. Einige Schlangenarten betrachten andere Schlangen, vor allem wenn sie etwas kleiner sind, durchaus als Futter. Manche Schlangen, z.B. Königsnattern, sollten generell einzeln gehalten werden, da sie auch Artgenossen als Beute betrachten. Bei der Vergesellschaftung von zwei oder mehreren Schlangen sollten diese auf jeden Fall getrennt gefüttert werden, da es sonst zu Beißereien und eventuell tödlichen Komplikationen kommen kann.

Wo kann man Schlangen kaufen?

ZÜCHTER Optimal ist der Erwerb von gesunden Nachzuchten direkt vom Züchter. Man kann sich dann die Elterntiere zeigen lassen und wertvolle Tipps zur Haltung erhalten. Entsprechende Adressen bekommt man über das Anzeigen-Journal der DGHT (Deutsche Gesellschaft für Herpetologie und Terrarienkunde e.V.), Anzeigen in einschlägigen Zeitschriften oder auch über das Internet (Adressen, ◉ S.119).

ZOOFACHGESCHÄFTE Auch über Zoofachgeschäfte sind Schlangen in unterschiedlicher

Kornnattern sind verträgliche Schlangen und können auch zu zweit oder dritt in einem Terrarium gehalten werden.

CHECKLISTE

Einen seriösen Verkäufer erkennen

Wichtig ist stets, das Terrarium, die Terrarien des Verkäufers zu beurteilen, da dies schon einige Rückschlüsse auf die Kompetenz des Verkäufers zulässt. Folgende Punkte sollten überprüft werden:

- Ist das Terrarium entsprechend der gehaltenen Art eingerichtet?
- Ist das Becken verschmutzt oder überbesetzt?
- Sind kranke oder vielleicht sogar schon tote Tiere im gleichen Terrarium? Falls dies der Fall ist, sollten Sie unbedingt die Finger von den Tieren lassen, da es sich um eine ansteckende Krankheit handeln könnte.
- Wie sieht es mit der Sachkunde des Verkäufers aus? Kennt er sich mit dieser Reptilienart aus und kann auch spezielle Tipps vermitteln?

Qualität und leider oft ohne ausreichend qualifizierte Beratung erhältlich. Mitleidskäufe aus überfüllten, unhygienischen Terrarien sollten Sie unbedingt vermeiden, da Sie wahrscheinlich nicht sehr viel Freude mit Ihrem Tier, dafür aber hohe Tierarztkosten haben werden. Außerdem wird das gekaufte Tier durch den in erster Linie am Verdienst interessierten Ladeninhaber vermutlich sehr schnell wieder durch ein anderes Tier ersetzt werden. Falls man seine Schlange in einer Zoohandlung erwerben will, sollte man sie nur in einem auf Terraristik spezialisierten Zoofachgeschäft kaufen, da hier in vielen Fällen dank entsprechender Erfahrung eine kompetente Beratung durchgeführt wird.

VERSANDHANDEL Schlangen können auch über den Versandhandel bestellt werden. Allerdings sollte man vorher wenigstens einmal die Anlage des Verkäufers besucht haben, um sich von der Haltung und der Sachkunde des Verkäufers ein Bild machen zu können. Ein Nachteil ist, dass man sich bei dieser Form des Erwerbs die Tiere nicht selbst aussuchen kann.

BÖRSEN Wenn Sie auf Börsen Tiere erwerben, können Sie Pech haben, da einige schwarze Schafe hier auch kranke Tiere und Wildfänge verkaufen. Viele seriöse Züchter gehen übrigens mit ihren Tieren nicht auf Börsen, um ihnen den Stress zu ersparen.

Kein falsches Sparen

Kaufen Sie niemals ein nicht gesund erscheinendes Tier, auch nicht aus Mitleid oder wenn der Händler einen Preisnachlass einräumt. Sie werden mit großer Wahrscheinlichkeit nur Probleme und erhebliche Tierarztkosten mit einer solchen Schlange haben.

Von einheimischen Arten wie dieser Ringelnatter dürfen nur Nachzuchttiere für das Terrarium erworben werben.

Nachtzuchten oder Wildfänge?

Prinzipiell sollte Nachzuchten der Vorzug gegeben werden, da diese Tiere schon an Terrarienbedingungen adaptiert sind. Außerdem kommen viele Parasiten, speziell solche, die auch auf den Menschen übertragbar sind (◉ Kapitel Zoonosen, S.90), ausschließlich bei Wildfängen vor, da ein Zwischenwirt erforderlich ist. Unter Terrarienbedingungen kann dieser Kreislauf nicht geschlossen werden. Zwar ist der Preis für Nachzuchten in der Regel um einiges höher als bei Wildfängen. Allerdings relativiert sich der Preis, da Wildfänge infolge von hochgradigem Parasitenbefall und Anpassungsproblemen oft hohe Tierarztkosten verursachen oder nach kurzer Zeit verenden. Nicht zuletzt sollten auch aus Gründen des Arten- und Tierschutzes Nachzuchten bevorzugt werden. Bei artgeschützten Schlangen sollten Sie sich unbedingt die entsprechenden Papiere gleich mitgeben lassen, da Sie ihr neu erworbenes Tier innerhalb von 14 Tagen bei der zuständigen Behörde zu melden haben. Lassen Sie sich auf keinen Fall auf eine nachträgliche Nachsendung der Papiere ein – Sie werden diese Papiere wahrscheinlich nie zu Gesicht bekommen und stehen dann vor dem Problem, ein „illegales“ Tier zu besitzen. Wenn Sie das Tier dann erworben haben, sollte es nach der Ankunft zu Hause erst in ein Quarantäneterrarium gesetzt werden (◉ Seite 75).

INFO

Niemals freilaufend transportieren
Ein „Transport" freilaufend auf dem Besitzer sollte auf keinen Fall geschehen. Gerade bei kühler Witterung können sich die meist aus tropischen Gegenden stammenden Schlangen schnell eine Infektion infolge der durch die kühlen Temperaturen bedingten Schwächung des Immunsystems zuziehen.

Transport

Wenn Sie gerade frisch gebackener Schlangenbesitzer geworden sind oder aus anderen Gründen, z. B. wegen eines Gangs zum Tierarzt, eine Schlange transportieren müssen, ist dabei einiges zu beachten.

TRANSPORTGEFÄSSE Speziell für Schlangen haben sich Leinensäckchen verschiedener Größe bis hin zum Bettbezug bei sehr großen Exemplaren gut bewährt, die insbesondere bei kühler Witterung zusammen mit einer Wärmflasche in einen thermostabilen Behälter, d. h. einer Styroporbox oder Kühlbox, gegeben werden. Styroporboxen kann man im nächsten Zoofachgeschäft bekommen, da auch Zierfische in diesen Behältnissen verschickt werden. In den Leinensäckchen fühlen sich die Tiere geborgen und verhalten sich daher ruhig. Auch im Zoofachhandel erhältliche Plastikboxen und kleine Plastikterrarien eignen sich gut zum Transport von kleineren Schlangen. Für ganz kleine Schlangen unter 50 g Körpergewicht können auch Grillendosen verwendet werden. Allerdings sollte unbedingt ein saugfähiger Bodengrund, zum Beispiel Zellstoff, in diese Behältnisse hineingegeben werden, da die Tiere während des Transportes vor Aufregung oft Kot und Urin absetzen und sich dann selbst beschmutzen.

KEINE DEKORATION Auf keinen Fall dürfen größere und schwere Dekorationsgegenstände wie zum Beispiel Steine in das Transportterrarium gegeben werden, da sonst die Gefahr besteht, dass die Tiere verletzt oder erdrückt werden. Jedes Tier muss einzeln verpackt werden. Plastikboxen alleine halten die Wärme schlecht, sodass auch diese zum Transport in thermostabile Behälter gepackt werden sollten.

FÜTTERUNG EINSTELLEN Schlangen sollten je nach Größe der Futtertiere mindestens 3–5 Tage vor dem Transport kein Futter erhalten, da es ansonsten – durch den Stress beim Transport bedingt – zum Erbrechen der angedauten Futtertiere kommen kann.

Zahme Schlangen sind beim Handling problemlos.

Vom richtigen Umgang

Auch wenn Schlangen keine Schmusetiere sind, so sollten sie soweit möglich an Menschen gewöhnt werden, da dies auch die Säuberungsarbeiten im Terrarium erleichtert. Viele Schlangen, besonders Nachzuchten, können relativ zahm werden. Andere Individuen, v.a. Corallus-Arten, bleiben auch mit viel Mühe aggressiv. Nach der Gewöhnung der Schlange an ihr Terrarium, was ca. eine Woche in Anspruch nimmt – bei Wildfängen oft viel länger – können Sie anfangen, das Tier mit Ihnen vertraut zu machen. Sie können das Tier mit ruhigen Bewegungen in der Köpermitte fassen und herausnehmen. Reagiert das Tier auf Ihre Annäherung mit einer s-förmigen Krümmung des vorderen Körpers, zischt, reißt das Maul auf oder vibriert mit dem Schwanz, so ist Vorsicht geboten. Solche Tiere sollten nur wenn es unbedingt erforderlich ist und dann mit dicken Handschuhen oder einem Schlangenhaken (👁 S.55) aus dem Terrarium geholt werden.

FIXIERUNG Wenn eine Schlange fixiert werden muss, z. B. bei einer Untersuchung, wird sie unmittelbar hinter dem Kopf gefasst und der Körper abgestützt. Bei kleineren Schlangen kann man auch zulassen, dass sie sich um den Unterarm ringeln. Auf keinen Fall sollte die Schlange am Kopf und mit dem restlichen Körper frei pendelnd gehalten werden, da es zu Verletzungen der Wirbelsäule kommen kann. Bei Riesenschlangen gilt die Regel, dass pro Meter Tier mindestens eine Hilfsperson zur Fixierung erforderlich ist.

Auf die Haltung einer Grünen Mamba oder anderer Giftschlangen sollten Sie besser verzichten.

Giftschlangen

Giftige Schlangen gehören nur in fachkundige Hände und entsprechende Einrichtungen wie z. B. Zoos und wissenschaftliche Institute. Sie sollten nicht aus Sensationslust oder als Statussymbol gehalten werden. Es gibt so viele wunderbar gefärbte und interessante ungiftige Schlangen, dass ein Terrarianer getrost auf die Haltung von Giftschlangen verzichten kann. Zudem ist in einigen Bundesländern die Haltung von Giftschlangen nicht ohne weiteres (S.116) erlaubt und darf nur mit einer Ausnahmegenehmigung erfolgen. Eine verantwortungsbewusste Haltung von Giftschlangen ist auch wesentlich aufwändiger und kostenintensiver als die von ungiftigen Schlangen, da verschiedene Maßnahmen ergriffen werden müssen.

Die Haltung von Giftschlagen

Die Haltung von Giftschlagen muss in einem separaten Raum erfolgen, der für Unbefugte nicht zugänglich ist, d.h. bei Abwesenheit des Halters abgeschlossen ist. Der Raum darf keine Tür nach außerhalb der Wohnung haben. Er muss fluchtsicher sein, also vergitterte Fenster haben und darf keine Ritzen unter der Tür aufweisen. Außerdem muss entsprechendes Antiserum vorrätig sein. Das ist auf Dauer sehr teuer, da die Haltbarkeit der Seren begrenzt ist. Beim Hantieren in den Terrarien muss eine zweite Person in der Nähe sein, um gegebenenfalls Hilfe holen zu können Außerdem müssen die Telefonnummer und Adresse der nächsten Klinik mit Giftzentrale gut sichtbar ausliegen.

INFO

Schlangengift in der Medizin
Schlangengifte werden durch so genanntes Melken gewonnen und zu medizinischen Zwecken verarbeitet. Es kann zur Erzeugung von Antiserum verwendet werden. Manche Schlangengifte werden stark verdünnt auch als wirksame Medikamente bei Menschen und Tieren eingesetzt.

Die Gabunviper (*Bitis gabonica*) **besitzt bis zu 4 cm lange Giftzähne.**

Auch sollten die Terrarien gut sichtbar mit dem deutschen und lateinischen Namen der jeweiligen Spezies versehen sein. Und natürlich muss jedes Terrarium mit einem Schloss versehen sein. Bei einem allzu sorglosen Umgang mit Giftschlangen ist nicht nur der Halter selbst, sondern sind eventuell auch andere Personen gefährdet, was unter Umständen auch strafrechtliche Konsequenzen haben kann.

Schlangengifte

Die Giftdrüsen haben sich aus den Speicheldrüsen entwickelt. Das Gift hat für die Schlange mehrere Funktionen: Es tötet die Beutetiere, unterstützt mit Hilfe der Eiweiß spaltenden Enzyme deren Verdauung. Das Gift ist eine wirksame Verteidigung. Einige wenige Giftschlangen sind in der Lage, zur Verteidigung gezielt Gift gegen Angreifer zu verspritzen, wie zum Beispiel die Speikobra. Das Gift kann zu massiven Augenentzündungen bis hin zur Erblindung führen. Schlangengifte bestehen vor allem aus Eiweißstoffen wie Albuminen, Globulinen und Enzymen. Die Giftwirkung ist neurotoxisch (das Nervengewebe schädigend), kardiotoxisch (das Herzmuskelgewebe schädigend) und/oder hämolytisch (die Blutkörperchen auflösend). Je nach dem Verhältnis der enthaltenen Substanzen führen Schlangenbisse zu unterschiedlichen Symptomen. Dementsprechend können bei dem Bissopfer eine Lähmung des Atemzentrums und/oder Kreislaufversagen zum Tode führen.

SYMPTOME eines Giftschlangenbisses können sein: Ödeme (Schwellungen) an der Bissstelle, Blutdruckabfall, Lähmungserscheinungen, starker Speichelfluss, Gewebsnekrosen (Absterben von Gewebe im Bereich der Bissstelle und der weiteren Umgebung), Blutungen (Nasenbluten, Erbrechen von Blut, Darmblutungen, Blut im Harn), Übelkeit, Erbrechen, Durchfall, Nierenversagen.

Schlangen im Porträt

Im Folgenden wird auf die einzelnen Schlangenarten, die am häufigsten im Handel und bei Terrarianern anzutreffen sind, eingegangen. Natürlich gibt es weit mehr für das Terrarium geeignete Arten. Auch werden von Liebhabern sehr viel mehr als die hier beschriebenen Spezies in Terrarien gehalten. Aber eine komplette Aufzählung würde den Rahmen dieses Buches sprengen. Auch handelt es sich hier nur um kurze Beschreibungen. Wenn Sie eine bestimmte Schlangenart zu halten beabsichtigen oder bereits pflegen, sollten Sie zusätzlich noch unbedingt auf Monographien und Haltungs- und Nachzuchtberichte zurückgreifen sowie auch Kontakte zu Züchtern und Haltern knüpfen, um möglichst viel über die Haltung der jeweiligen Art zu erfahren. Bei einigen Arten sind verschiedene Nomenklaturen zu finden bzw. haben sich Gattungs- oder Artname vor nicht allzu langer Zeit geändert, sodass diese Arten in älteren Büchern unter anderem Namen geführt werden. Daher werden in solchen Fällen beide Namen angegeben. Von den vorgestellten Arten sind einige allein aufgrund ihrer Größe und/oder Haltungsansprüche nicht unbedingt für den durchschnittlichen Terrarianer geeignet. Diese Arten, beispielsweise Tigerpythons, werden aber trotzdem aufgeführt, da sie vor allem als Jungtiere häufig im Handel sind oder gerne als Schautiere eingesetzt werden. Einheimische Schlangen wie Ringelnattern stehen unter Naturschutz (nach Bundesnaturschutzgesetz, Bundesartenschutzverordnung und/oder FFH-Richtlinie) und dürfen nicht der Natur entnommen werden, um sie in Terrarien zu pflegen. Nur Nachzuchttiere dürfen mit entsprechenden Papieren und einer Sondergenehmigung in Terrarien gehalten werden. Alle Riesenschlangen stehen unter Artenschutz (Washingtoner Artenschutzabkommen Anhang I oder II und/oder EU-Verordnung Nr. 338/97 und 939/97) und sind dementsprechend anzeigepflichtig. Details zum Artenschutz finden Sie auf S. 116/117. Giftschlangen werden in diesem Buch weder vorgestellt noch zur Haltung empfohlen, da sie nur in sehr versierte Hände und entsprechende Einrichtungen gehören.

Durch Züngeln werden Geruchsstoffe zum Jacobsonschen Organ befördert.

Aufbau der Monographien

Die einzelnen Artmonographien sollen einen kurzen Überblick vermitteln und sind nach folgendem Schema aufgebaut:

DEUTSCHE BEZEICHNUNG Für ein und dieselbe Art können zwei oder mehrere Namen existieren. Da außerhalb des deutschsprachigen Raumes kaum jemand etwas mit diesen Begriffen anfangen kann, sollte man auch die wissenschaftlichen Namen kennen.

WISSENSCHAFTLICHE BEZEICHNUNG Der wissenschaftliche Name setzt sich meist aus zwei Wörtern zusammen, die in der Regel lateinischen, manchmal auch griechischen Ursprungs sind. Der erste Name bezeichnet die Gattung, der zweite die Art. Falls ein dritter Name angegeben wird, handelt es sich um eine Unterart. Mit Hilfe der wissenschaftlichen Namen ist eine internationale Verständigung problemlos möglich.

LÄNGE Diese Angabe bezieht sich auf die Endgröße (Gesamtlänge) ausgewachsener Exemplare. Dieses Merkmal ist wichtig, da einige Schlangen sehr groß werden und dementsprechend große Terrarien benötigen, die in einer durchschnittlichen Wohnung kaum untergebracht werden können.

VERBREITUNG Hier wird angegeben, in welchen Teilen von Kontinenten oder Ländern die jeweilige Art vorkommt und in welchen Biotopen sie sich typischerweise aufhält, da hieraus auch Anregungen zur Gestaltung des Terrariums entnommen werden können.

BESCHREIBUNG Es werden typische Merkmale zur Identifizierung beschreiben.

TERRARIUM Es finden sich knappe Angaben, welche Merkmale ein für die Art geeignetes Terrarium aufweisen sollte.

KLIMA Bei diesem Punkt erfolgt die Angabe geeigneter Temperaturbereiche und der erforderlichen Luftfeuchtigkeit.

FUTTER Für die meisten Schlangen eignen sich Nager, weitere geeignete Futtertiere bzw. -mittel werden hier angegeben.

ZUCHT Es werden Schwierigkeitsgrad und Eckdaten angegeben.

BEMERKUNG Hier wird auf Besonderheiten hingewiesen.

Äskulapnatter
Elaphe longissima (Laurenti 1768)

LÄNGE 1,4–2,0 m.
VERBREITUNG Nordostspanien, Frankreich, Italien, Sizilien, Sardinien, Österreich, Süddeutschland, Tschechosslowakei, Südpolen, Ungarn, Balkanländer, Kleinasien, Kaukasus und Nordiran; v.a. in warmen Gebieten in Rändern von Laubwäldern, unterholzreichen Hainen, Weinbergen und an stark bewachsenen, felsigen Hängen.
BESCHREIBUNG Gelbliche, gelbbraune, braune, schwarzbraune oder olivefarbene Färbung, zeichnungslos oder mit kleinen weißen Fleckenrändern an Rücken- und Seitenschuppen; teilweise am Kopf hinten hell- bis dunkelgelbe Flecken; Bauch cremeweiß bis gelb.
TERRARIUM In geschützten Lagen oder mit zusätzlichen Heizvorrichtungen Freilandterrarium, großes Terrarium erforderlich, Sonnenplatz und UV-Licht , reichlich Klettermöglichkeiten.
FUTTER Kleinsäuger, Vögel, Eidechsen und Vogeleier; im Terrarium Mäuse, junge Ratten, Eintagsküken.
ZUCHT Winterruhe für 10–12 Wochen bei 6–12 °C erforderlich, Eier legend.
BEMERKUNG In Mitteleuropa gefährdet; Berufssymbol der Ärzte, geschützte Art.

Ringelnatter
Natrix natrix (Linnaeus 1758)

LÄNGE 0,75–1,5 m.
VERBREITUNG In ca. 10 Unterarten in fast ganz Europa, Westasien und Nordafrika, häufig in der Nähe von Gewässern.
BESCHREIBUNG Graue bis bräunliche, olivefarbene oder sogar schwarze Färbung, zeichnungslos oder mit schwarzen Rücken- und/oder Seitenflecken; im hinteren Bereich des Kopfes typische helle halbmondförmige Flecken; weißlicher oder gelblicher Bauch mit würfelförmigen schwarzen Flecken.
TERRARIUM Freilandterrarium mit großem Wasserteil; geräumiges Terrarium mit großem Wasserteil und Sonnenplatz, da tagaktiv.
FUTTER Frösche, Kröten, Molche und deren Larvalstadien, Fische, selten Echsen und Kleinnager; im Terrarium Fische, kleine Mäuse.
ZUCHT Winterruhe nötig, Eier legend.
BEMERKUNG Können bei Bedrohung ein stinkendes Sekret, sowie Magen- und Darminhalt von sich geben. „Tot stellen“ bei Bedrohung durch einen Feind (sog. Akinese), geschützte Art.

Würfelnatter
Natrix tesselata (Laurenti 1768)

LÄNGE 0,75–1,0 m, selten größer.
VERBREITUNG Vom westlichen Mittel- und Südeuropa bis West- und Mittelasien; in Deutschland teilweise an Rhein, Mosel, Nahe und Ahr; an und in langsam fließenden Flüssen mit flachen, steinigen Ufern und vegetationsreicher Umgebung sowie an mit Schilf bewachsenen und wasserpflanzenreichen Seen.
BESCHREIBUNG Färbung an der Oberseite grau, olivefarben oder braun, selten auch schwarz mit mehr oder weniger deutlich in 4–5 Längsreihen angeordneten, oft gegeneinander versetzten, dunklen Rückenflecken, die zu Querbändern zusammenfließen können; auf dem Nacken ist ein dunkler V-förmiger Fleck vorhanden; Bauch cremeweiß, gelblich bis rötlich mit schwarzen würfelförmigen Flecken.
TERRARIUM Freilandterrarium mit großem Wasserteil; großes Terrarium mit großem Wasserteil, Sonnenplatz.
FUTTER Fische, Amphibien; im Terrarium Fische und Fischstücke.
ZUCHT Winterruhe nötig, Eier legend.
BEMERKUNG Bei Bedrohung Verhalten wie Ringelnatter: „Tot stellen". In Mitteleuropa stark bedroht, bei Fütterung von Fischstücken Gabe von Multivitaminpräparat mit B-Komplex, geschützte Art.

Schlingnatter
Coronella austriaca (Laurenti 1768)

LÄNGE 0,5–0,8 m.
VERBREITUNG Nord- und Mitteleuropa bis östliches Spanien, nach Osten bis Kleinasien und zum Kaukasus; in offenem, versteckreichem Gelände wie lichte Wälder, bewachsene Halden, an Berghängen in sonniger Lage, Weinbergen und Waldrändern, sowie Rändern von Mooren.
BESCHREIBUNG Grundfärbung beim Männchen bräunlich, beim Weibchen grau bis braunschwarz; auf dem Rücken meistens kleine dunkle Flecken, die teilweise zu undeutlichen Längsbändern zusammenfließen können; typischer bräunlicher Streifen vom Nasenloch über das Auge bis zum Hals; Bauch beim Männchen rötlichbraun bis orangefarben, beim Weibchen grau oder schwärzlich.
TERRARIUM Freilandterrarium; großes Terrarium mit Sonnenplatz und vielen Versteckmöglichkeiten.
FUTTER Echsen und Schlangen, auch Kleinsäuger; Jungtiere auch große Insekten; im Terrarium kleine Mäuse.
ZUCHT Winterruhe nötig, lebend gebärend.
BEMERKUNG Oft bissig; im Terrarium Einzelhaltung, da Kannibalismus vorkommt; Jungtiere einzeln unterbringen, Aufzucht schwierig (oft Futterverweigerung), geschützte Art. Auch Glattnatter genannt.

Kreuzotter
Vipera berus (Linnaeus 1758)

LÄNGE 0,5–0,8 m.
VERBREITUNG In 3 Unterarten in Nord- und Mitteleuropa sowie Mittelasien bis zum Amur, v.a. in sonnigen, buschreichen Wegrändern, mit Gebüsch bewachsenen Rodungsflächen, in Moorgebieten, Auwäldern und auf sonnigen, vegetationsreichen Geröllhängen; in Gebirgen bis zu einer Höhe von 3.000 m.
BESCHREIBUNG Kräftiger Körper, senkrechte Pupillen, kurzer Schwanz; Oberseite hellgrau, bräunlich, kupferfarben, auch schwarz; auf dem Rücken ein breites Zickzackband, das bei männlichen Tieren dunkelbraun bis schwarz, bei weiblichen Tieren schokoladenbraun und weniger abgesetzt ist. An den Körperseiten befinden sich größere, dunkle Flecken; Bauch dunkel mit Fleckung, Schwanzunterseite gelblichweiß bis orangefarben.
TERRARIUM Da Giftschlange, keine Haltung im Terrarium empfohlen.
FUTTER Mäuse, Frösche, Echsen; im Terrarium kleine Mäuse, neugeborene Ratten.
ZUCHT Winterruhe nötig, lebend gebärend.
BEMERKUNG Ein Biss ist für einen erwachsenen, gesunden Menschen nicht tödlich, geschützte Art.

Leopardnatter
Elaphe situla (Linnaeus 1758)

LÄNGE Bis zu 1,0 m.
VERBREITUNG Italien südlich des Ofanto-Flusses bis Sizilien, Malta, an den Küsten Kroatiens und Serbiens, Albanien, Griechenland, Bulgarien und Rumänien, Krim, Türkei. Lebt in trockenem steinigem Gelände, in Gärten, Weinbergen, an Flussufern und in Sümpfen.
BESCHREIBUNG Grundfarbe hellgrau bis gelblichgrau mit rötlichen, schwarzgeränderten Flecken, die sich zum Körperende hin zu breiten, querbindenartigen Flecken vergrößern, seitlich am Körper verläuft jeweils eine Reihe dunkelbrauner bis schwarzer Flecken; Unterseite gelblich-weiß mit kleinen dunkeln Flecken.
TERRARIUM Geräumig mit reichlich Versteckmöglichkeiten.
KLIMA 24–26 °C tagsüber, nachts 18–20 °C, Luftfeuchte 40–50 %.
FUTTER Kleinsäuger, Echsen, Vögel, Insekten, im Terrarium: je nach Größe Babymäuse bis halbwüchsige Mäuse.
ZUCHT Überwinterung für mindestens 12 Wochen bei 10–15 °C, Eier legend.
BEMERKUNG Leopardnattern sind stressanfällig! Geschützt nach Bundesartenschutzverordnung, d.h. es dürfen nur Nachzuchten gehalten werden; nicht für Einsteiger geeignet.

Strumpfbandnatter
Thamnophis spp. (Linnaeus 1766)

LÄNGE Bis zu 1,25 m, meist unter 1,0 m.
VERBREITUNG In 24 verschiedenen Arten mit ca. 70 Unterarten über Südkanada über USA bis nach Mexiko; vor allem in der Nähe von Gewässern zu finden.
BESCHREIBUNG Schlanke Natter mit nur wenig vom Hals abgesetztem Kopf, Schwanz relativ lang. Grundfärbung je nach Unterart sehr verschieden, meist 1 Rückenlinie und 2 Seitenstreifen oder Fleckenzeichnung.
TERRARIUM Geräumiges Terrarium. Großer Wasser- und Landteil. Kletteräste. Sonnenplatz und UV-Licht vorteilhaft.
KLIMA Temperatur zwischen 20–28 °C, deutliche Nachtabsenkung.
FUTTER Fische, Fischfleisch, Regenwürmer, evtl. Babymäuse.
ZUCHT Lebend gebärende Schlange, 5–35 Junge. Überwinterung 6–10 Wochen bei 5–12 °C zur Nachzucht erforderlich.
BEMERKUNG Am häufigsten im Handel sind Thamnophis sirtalis und Thamnophis sauritus (Bändernatter). Bei Fütterung von Fischfleisch ein Multivitaminpräparat mit Vitamin B-Komplex geben. Auch für Haltung im Freilandterrarium im Sommer geeignet. Für Einsteiger geeignete Schlangenart.

Wassernatter
Nerodia sp. (Linnaeus 1758)

LÄNGE 0,6–1,00 m, selten bis 1,4 m.
VERBREITUNG In 9 Arten von Kanada über die USA bis nach Mexiko, stets an Gewässer.
BESCHREIBUNG Wenig vom Hals abgesetzter Kopf, Grundfärbung sehr variabel: grau, braun bis gelbbraun; Musterung in Querbändern, die oben unterbrochen sind; an den Flanken verbreitern sich diese Bänder. Unterseite cremeweiß bis gelblich und je nach Vorkommen mit halbmondförmigen Flecken oder einer gelben, orangen oder rötlichen Mittellinie.
TERRARIUM Großes Wasserbecken, Sonnenplatz; im Sommer auch Haltung im Freilandterrarium möglich.
KLIMA 20–28 °C.
FUTTER Amphibien und deren Larven, Fische, Würmer, Kleinsäuger; im Terrarium Fische und Fischstückchen, kleine Mäuse.
ZUCHT Winterruhe erforderlich: 10–12 Wochen bei 8–12 °C für Exemplare aus den nördlichen Verbreitungsgebieten, 4–6 Wochen bei etwas herabgesetzter Temperatur und verkürzter Beleuchtung für solche aus den südlichen Verbreitungsgebieten, lebend gebärend.
BEMERKUNG Bastardierung verschiedener Arten möglich, daher keine verschiedenen Arten in einem Terrarium halten.

Grasnatter

Opheodrys aestivus (Linnaeus 1758)

LÄNGE Bis ca. 1 m.
VERBREITUNG Südliches Nordamerika bis Mexiko. Überwiegend Baum bewohnend, meist in der Nähe von Gewässern.
BESCHREIBUNG Sehr schlanke, grüne Schlange, Bauchunterseite eierschalenfarben bis gelblich.
TERRARIUM Ausreichend hoch, reichlich Kletteräste. Großer Wasserteil. UV-Licht vorteilhaft.
KLIMA 36–32 °C, hohe Luftfeuchte (80–90 %), geringe Nachtabsenkung.
FUTTER Insekten, Spinnen.
ZUCHT Eier legend. Mehrwöchige Winterruhe bei abgesenkten Temperaturen (Temperaturen um 20 °C tagsüber und nachts 14–16 °C) und verkürzter Beleuchtungsdauer erforderlich.
BEMERKUNG Nicht für Anfänger geeignet, da empfindliche Art! Bepflanzung des Terrariums mit echten Pflanzen möglich. Futtertiere regelmäßig mit einem Multivitamin- und einem Kalziumpräparat versehen. Relativ selten ist die glatte Grasnatter (Opheodrys vernalis) im Handel, diese Art ist jedoch im Terrarium noch schwieriger zu halten als die glatte Grasnatter.

Kornnatter

Elaphe guttata (Linnaeus 1766)

LÄNGE Bis 1,8 m, meistens um 1,2 m.
VERBREITUNG USA bis Nordostmexiko. Kornfelder, (Kiefern-)Wälder. Klettert sehr gut.
BESCHREIBUNG Wildform (je nach Unterart) grau über rostbraun bis orangerot mit rotbraunen Flecken auf Rücken und Flanken. Inzwischen zahlreiche Zuchtformen in ganz verschiedenen Farben, z.B. Snow = weiß, Albino bzw. amelanistisch = weiß mit roten Flecken u.a. Daneben noch Mustervarianten wie gestreifte Tiere oder „Motley“ mit speziellem Fleckenmuster.
TERRARIUM Kletteräste, zahlreiche Versteckmöglichkeiten.
KLIMA 24–28 °C, Nachtabsenkung auf ca. 20 °C. Luftfeuchte zeitweise durch Sprühen erhöhen, höhere Luftfeuchte vor allem für Rosacea-Kornnattern erforderlich.
FUTTER Mäuse, junge Ratten, Eintagsküken.
ZUCHT Eier legend, 6–20 Eier. Winterruhe bei 4–12 °C über 6–10 Wochen empfehlenswert, leicht nachzuzüchten.
BEMERKUNG Eine der für die Terraristik am besten geeigneten Schlangen, da sie nicht anspruchsvoll ist und leicht zahm wird. Sehr gut für Einsteiger geeignet.

Erdnatter
Elaphe obsoleta (Say 1823)

LÄNGE Bis über 2,5 m.
VERBREITUNG Existiert in mehreren Unterarten von Südostkanada über die USA bis nach Mexiko. Lebt unterschiedlichsten Biotopen, sowohl in feuchten und trockenen Habitaten in Ebenen bis in Gebirgslagen. Klettert sehr gut.
BESCHREIBUNG Je nach Unterart gelb mit orangefarbenen Längsstreifen oder auch grau oder braun bis schwarz. Es wurden auch schon Albinoformen herausgezüchtet. Im Terrarium wird am häufigsten die Gelbe Erdnatter (Elaphe obsoleta quadrivitatta), auch Kükennatter genannt, gehalten.
TERRARIUM Muss hoch sein, mit vielen Klettermöglichkeiten.
KLIMA 22–28 °C, Nachtabsenkung, Luftfeuchte zeitweise durch Sprühen erhöhen.
FUTTER Nager, Kleinsäuger, Vögel; im Terrarium Mäuse, Ratten, Eintagsküken.
ZUCHT Eier legend, Winterruhe erforderlich (siehe Kornnatter).
BEMERKUNG Teilweise aggressiv. Kann mit Kornnattern Artbastarde hervorbringen, daher nicht gemeinsam mit Kornnattern im Terrarium halten Für Einsteiger gut geeignete Art. Auch unter der Bezeichnung Pilotnatter bekannt.

Bullennatter
Pituophis melanoleucus (Daudin 1803)

LÄNGE Bis 2,5 m, meist unter 1,6 m.
VERBREITUNG Existiert in 2 Arten und etwa 10 Unterarten in den USA, von Südkanada bis Mexiko. Lebt vor allem in Wäldern, klettert hervorragend.
BESCHREIBUNG Sehr variable Grundfärbung von grauweiß, gelblichweiß, gelbbraun, braun, orange oder olivefarben mit Flecken von dunkler Färbung. Die Unterseite ist weiß, gelblich oder braun, mit oder ohne Flecken.
TERRARIUM Siehe Kornnatter.
KLIMA 25–28 °C, Nachtabsenkung um ca. 5 °C. Luftfeuchte durch Sprühen zeitweise erhöhen. Aufgrund der weiten Verbreitung in unterschiedlichen Klimatypen und Habitaten heimisch.
FUTTER Nager, Küken, in der Natur auch Eier, Amphibien und andere Reptilien.
ZUCHT Eier legend (4–10 Eier), Winterruhe in Abhängigkeit vom Vorkommen erforderlich.
BEMERKUNG Schlange wird auch als Kiefernnatter bezeichnet. Oft leicht reizbar. Es gibt bereits albinotische Zuchtvarianten. Zum Teil Artbastarde mit Kornnatter möglich („Jungle Corn"). Auch Kiefernnatter genannt.

Kettennatter

Lampropeltis getula (Linnaeus 1766)

LÄNGE Bis 1,8 m.
VERBREITUNG Existiert in sieben Unterarten vom östlichen Teil der USA bis Mexiko. Lebt in Kiefernwäldern, an buschbestandenen Hängen, in Hain- und Auwäldern.
BESCHREIBUNG Körpergrundfarbe schwarz, je nach Unterart mit Ausnahme der Schwarzkettennnatter *(L. g. nigrita)* tragen der Rücken und die Flanken eine kettenartigen Zeichnung aus weißen bis gelblichen Querbinden.
TERRARIUM Bodengrund hoch aufschütten, da sich die Tiere auch gern verbergen.
KLIMA Je nach Herkunft 23–30 °C, leichte Nachtabsenkung. Luftfeuchte zeitweise durch Sprühen erhöhen.
FUTTER Nager, in der Natur insbesondere Reptilien.
ZUCHT Eier legend. Winterruhe erforderlich. Jungtiere gehen als Reptilienfresser oft schlecht an Jungmäuse und müssen erst eine Zeitlang zwangsgefüttert werden, bevor sie Mäuse annehmen.
BEMERKUNG Außerhalb der Paarungszeit Einzelhaltung, da diese Tiere in der Natur auch Schlangen jagen und auch vor Artgenossen nicht Halt machen. Auch Jungtiere unbedingt einzeln aufziehen.

Königsnatter

Lampropeltis triangulum (Lacépède 1788)

LÄNGE Bis zu 1,3 m.
VERBREITUNG Existiert in 25 Unterarten in den USA und Mittelamerika. Lebensraum verschieden: trockene bis feuchte Biotope, bis in Gebirgslagen vorkommend; überwiegend Boden bewohnend.
BESCHREIBUNG Auffallend bunte Schlange (rot, gelb und schwarz gebändert). Kopf nicht vom Körper abgesetzt. Verschiedene Farb- und Mustervarianten wurden bereits herausgezüchtet.
TERRARIUM Bodengrund hoch aufschütten, da sich die Tiere gerne eingraben.
KLIMA 24–28 °C am Tag, nachts ca. 20 °C.
FUTTER Nager, in der Natur v.a.Reptilien.
ZUCHT Eier legend. Winterruhe erforderlich. Jungtiere sind oft erst durch Zwangsfütterung an Mäuse zu gewöhnen.
BEMERKUNG Auch Milchnatter oder Dreiecksnatter genannt. Einzelhaltung, da Kannibalismus nicht selten. Terrarium sorgfältig verschließen, es dürfen keine Spalten vorhanden sein, da diese Tiere durch die kleinsten Ritzen entkommen. Durch die Färbung wird die giftige Korallenotter nachgeahmt, sodass Fressfeinde die Königsnatter für eine Giftschlange halten und abgeschreckt werden.

Mexikanische Königsnatter
Lampropeltis mexicana (Garman 1833)

LÄNGE Bis ca. 1 m.
VERBREITUNG Existiert in drei Unterarten *(Lampropeltis mexicana mexicana, L.m. greeri, L. m. thayeri)* in Mexiko. Lebt vor allem in trockenen Gebieten, überwiegend Boden lebend, kommt in Höhen bis 2.200 m vor.
BESCHREIBUNG Helle, meist graue Grundfärbung mit blutroten Flecken, die schwarz eingefasst sind. Grundfarbe der Bauchunterseite heller als die der Oberseite, Zeichnung setzt sich an der Unterseite fort und bildet dort schmale Bänder.
TERRARIUM Reichlich Bodengrund anbieten da sich die Tiere gerne eingraben. Ebenso Verstecke anbieten.
KLIMA 23–28 °C, Luftfeuchte 40–50%, Nachtabsenkung erforderlich, 2–3 Mal pro Woche morgens ist Sprühen nötig.
FUTTER Mäuse, in der Natur vorwiegend Echsen und Schlangen.
ZUCHT Mehrwöchige Winterruhe bei 5 bis 15 °C erforderlich. Aufzucht nicht immer einfach, da Jungtiere oft schlecht ans Futter zu bekommen sind.
BEMERKUNG Einzelhaltung empfehlenswert, da gelegentlich Kannibalismus vorkommt.

Amurnatter
Elaphe schrencki (Strauch 1873)

LÄNGE Bis ca. 1,8 m.
VERBREITUNG Kommt vom Südosten Russlands nach China bis ans Japanische Meer sowie in Nord- und Südkorea vor. Lebt in halbfeuchten Habitaten an Flussufern und in Sumpfgebieten.
BESCHREIBUNG Dunkelbraune bis schwarze Schlange mit gelber Kopfzeichnung, gelblich weißen bis gelborangen Querbinden und gelblicher Bauchunterseite mit schwarzen Flecken. Ältere Tiere können fast ganz schwarz sein, da mit zunehmendem Alter die Querbinden immer schmäler werden.
TERRARIUM Großer Wasserteil; Bodengrund relativ hoch aufschütten, da diese Schlangen sich auch gerne eingraben, reichlich Klettermöglichkeiten.
KLIMA 20–24 °C, deutliche Nachtabsenkung.
FUTTER Nager, Eintagsküken, in der Natur auch Amphibien, Kleinsäuger, Vögel und deren Eier .
ZUCHT Mehrwöchige Überwinterung bei 5–10 °C erforderlich. Eier legend.
BEMERKUNG Verträgt keine dauerhaft hohen Temperaturen (> 28 °C). Für Einsteiger gut geeignete Art, da recht robust, wird leicht zahm.

Schönnatter
Elaphe taeniura (Cope 1861)

LÄNGE Bis zu 2,5 m.
VERBREITUNG Kommt in 7 Unterarten vom östlichen Himalaja über Burma, Thailand, Malaysia, Laos, Vietnam, China bis nach Japan vor. Lebensraum sehr unterschiedlich: Wiesen, Wälder, tropischer Regenwald, in Gewässernähe und auch auf Kulturflächen. Klettert hervorragend.
BESCHREIBUNG Große, kräftige Schlange in je nach Unterart sehr variabler Färbung. Die Nominatform *(E. t. taeniura)* weist eine olivgraue bis gelbe Grundfärbung auf, die im vorderen Körperabschnitt ohne Musterung ist. Ab etwa der Körpermitte werden die Seitenstreifen und Flecken zu breiten Längsbändern.
TERRARIUM Sehr geräumiges Terrarium mit vielen Versteckmöglichkeiten, da diese Schlange, v.a. bei Wildfängen, etwas scheu sein kann. Reichlich Kletteräste.
KLIMA 25–28 °C, Nachtabsenkung ca. 3 °C.
FUTTER Kleinsäuger, Eintagsküken.
ZUCHT Mehrwöchige Überwinterungsphase bei ausgeschaltetem Licht und 16–20 °C erforderlich (je nach Herkunft); Geschlechter möglichst trennen.
BEMERKUNG Auch als Streifenschwanznatter bekannt. Gut für Einsteiger geeignet.

Spitzkopfnatter
Gonyosoma/Elaphe oxycephala (Boie 1827)

LÄNGE Bis 2,3 m.
VERBREITUNG Südostasien. Lebt in feuchten Niederungen, dicht bewaldeten Flusstälern und Mangrovengebieten. Baum bewohnend.
BESCHREIBUNG Grün gefärbte Schlange, Schwanzbereich grau bis hellrot, Bauchseite gelblich. Langer, spitz zulaufender Kopf mit großer, runder Pupille.
TERRARIUM Großräumig und hoch, viele Klettermöglichkeiten. Große, robuste Pflanzen oder Kunststoffpflanzen für die nötige Deckung.
KLIMA 25–30 °C. Kaum Nachtabsenkung. Benötigt durchgehend hohe Luftfeuchte (80–90 %). Großes Wasserbecken, evtl. mit Heizer.
FUTTER Nager, Eintagsküken, in der Natur auch Echsen.
ZUCHT Nicht ganz einfach. Stimulierung der Paarung durch leichte Absenkung der Temperatur und Luftfeuchte für 8 Wochen und anschließende Simulation einer Regenzeit.
BEMERKUNG Als Wildfänge in der Regel hochgradig von Parasiten befallen. Nicht für Anfänger geeignet. Meistens bissig. Wenn Luftfeuchte zu niedrig, sehr anfällig für Erkrankungen der Atemwege.

Afrikanische Eierschlange
Dasypeltis scabra (Linnaeus 1758)

LÄNGE Bis ca. 1 m.
VERBREITUNG Südliches Marokko bis südliches Afrika, südwestliches Arabien. Lebt in trockenen Wald- und Buschgelände, zum großen Teil Baum bewohnend.
BESCHREIBUNG Färbung und Musterung sehr variabel; entlang der Rückenmitte und Flanke dunkle Flecken auf gelblicher bis brauner Grundfarbe, Unterseite gelblich weiß. Stark gekielte Schuppen. Pupillen senkrecht.
TERRARIUM Kletterrnöglichkeiten, UV-Bestrahlung vorteilhaft.
KLIMA 22–28 °C. Nachtabsenkung auf 18–22 °C.
FUTTER Kleinere Eier, z.B. von Zebrafinken, Nymphensittichen, Wachteln, etc.
ZUCHT Nicht ganz einfach. Eier legend. In der Winterzeit Beleuchtung und Heizung für 8–10 Wochen reduzieren.
BEMERKUNG Ein solches Tier sollte man sich nur anschaffen, wenn eine regelmäßige Versorgung mit kleinen und befruchteten Eiern z.B. über einen Vogelzuchtverein gewährleistet ist. Ansonsten können Mangelerscheinungen auftreten. Die Eierschalen werden durch Wirbelsäulenfortsätze im Speiseröhrenbereich angeritzt, der Ei-Inhalt abgeschluckt und die Ei-Schalen werden wieder ausgewürgt.

Afrikanische Hausschlange
Boaedon/Lamprophis fuliginosus (Boie 1827)

LÄNGE Selten über 1 m.
VERBREITUNG Fast ganz Afrika mit Ausnahme des tropischen Regenwaldes in Zentralafrika. Bewohnt vor allem Offenlandflächen und Savannen, trockenes Gelände. Fast ausschließlich auf dem Boden lebend.
BESCHREIBUNG Einfarbig hellbraune, gelblich-grüne bis dunkelbraune oder sogar schwarze Schlange, Iris schlitzförmig, 2 weiße Streifen oberseits am Kopf. Die Haut schimmert im Licht regenbogenfarben. Jungtiere mit mehr oder weniger deutlicher Fleckenzeichnung.
TERRARIUM Trockenterrarium mit vielen Verstecken.
KLIMA 26–32 °C. Deutliche Nachtabsenkung auf Temperaturen um 20 °C, gelegentlich morgens sprühen.
FUTTER Mäuse.
ZUCHT Eier legend (4-10 Eier). Nachzucht gelingt sehr leicht. Keine Winterruhe erforderlich.
BEMERKUNG Aufgrund der geringen Größe und der Anpassungsfähigkeit sehr gut für die Terrarienhaltung geeignete Schlange. Für Einsteiger gut geeignet.

Baumschnüffler
Ahaetulla nasuta (Linnaeus 1754)

LÄNGE Bis ca. 1,5 m.
VERBREITUNG Südostasien, überwiegend Baum bewohnend.
BESCHREIBUNG Sehr dünne, einfarbig grüne Schlange, Kopf dreieckig mit schlitzförmigen Pupillen.
TERRARIUM Geräumig. Klettermöglichkeiten. Kunststoffpflanzen oder robuste Pflanzen als Deckung.
KLIMA 24–32 °C. Sonnenplatz. Benötigt durchgehend hohe Luftfeuchte.
FUTTER Echsen; zum Teil auch Frösche; im Terrarium: Futtergeckos.
ZUCHT Schwierig; lebend gebärend.
BEMERKUNG Wenn diese Schlangen auch sehr beißfaul sind und meistens nur mit aufgerissenem Maul drohen, so handelt es sich trotzdem um eine Trugnatter! Das Gift ist relativ schwach, kann aber trotzdem erhebliche lokale Schwellungen verursachen. Es sind fast ausschließlich Wildfänge im Handel. Echsenfresser. Ist auch in der Gefangenschaft kaum auf anderes Futter umzustellen. Außerdem sind die Wildfänge oft hochgradig von Parasiten befallen. Daher nur für Spezialisten geeignet.

Abgottschlange
Boa constrictor (Linnaeus 1758)

LÄNGE Je nach Unterart bis ca. 3,8 m.
VERBREITUNG Existiert in Mittel- und Südamerika, auf einigen karibischen Inseln. Lebt in Trockenwäldern, Buschsavannen und im tropischen Regenwald, häufig in Gewässernähe.
BESCHREIBUNG Stark variierende Färbung je nach Unterart. Starker triangulärer Kopf. Rückenzeichnung aus hellen und dunklen Flecken, die zum Schwanz hin eine orangefarbene bis rote Färbung annehmen können („Rotschwanzboas"). Von der Schnauzenspitze bis zum Hals zieht sich eine dunkle Schläfenbinde. Bauchseite dunkel cremefarben mit dunklen Punkten, senkrechte Pupille.
TERRARIUM Sehr geräumiges Terrarium. Großes Wasserbecken. Starke Kletteräste.
KLIMA 25–28 °C. Sonnenplatz bis zu 35 °C. Luftfeuchte 60–90 %.
FUTTER Mäuse, Ratten, Hühner, Kaninchen.
ZUCHT Gelingt häufig. Lebend gebärend. 4–8 Monate Tragzeit. 10–30 Junge. Absenkung der Nachttemperaturen von November bis März auf ca. 21 °C kann das Paarungsverhalten stimulieren.
BEMERKUNG Auch als Königsboa bekannt. Ältere Tiere manchmal bissig. Schutzstatus: WA II und Anhang B der EU-VO; Unterart Boa constrictor occidentalis WA I und Anhang A der EU-VO.

Regenbogenboa

Epicrates cenchria (Linnaeus 1758)

LÄNGE Bis ca. 2,5 m.
VERBREITUNG In 9 Unterarten von Costa Rica bis nach Argentinien sowie auf einigen Inseln der Antillen. Lebt v.a. in feuchten Tieflandregenwäldern.
BESCHREIBUNG Am häufigsten gehalten: Rote Regenbogenboa *(E. cenchria cenchria)* rotbraune Netzzeichnung, Unterseite cremefarben; Braune Regenbogenboa *(E. c. maurus)*: kaffeebraun, nur Jungtiere mit Fleckenmuster ähnlich der Roten Regenbogenboa.
TERRARIUM Genügend hoher Bodengrund, vorzugsweise Rindenmulch oder Kokoserde, da sich die Tiere gerne eingraben. Großes beheiztes Wasserbecken. Ultraschallvernebler.
KLIMA 27–30 °C am Tage, Nachtabsenkung um 3–4 °C. Hohe Luftfeuchte (tagsüber 60–80 %, nachts 100 %). Trotzdem stehende Luft vermeiden.
FUTTER Nager, Eintagsküken.
ZUCHT Nicht ganz einfach. Lebendgebärend.
BEMERKUNG Haut schillert v.a. in frisch gehäutetem Zustand in allen Regenbogenfarben, daher auch der Name. Nicht für Anfänger geeignet. Benötigt durchgehend hohe Luftfeuchtigkeit. Schutzstatus WA II und Anhang B der EU-VO.

Gartenboa

Corallus enydris/hortulanus (Linnaeus 1758)

LÄNGE Bis 2,5 m.
VERBREITUNG Von Nicaragua über Panama, nördliches Südamerika bis Bolivien. Lebt in tropischen Regenwäldern, an Waldrandzonen, auf Lichtungen. Oft in der Nähe von Gewässern. Baum bewohnend.
BESCHREIBUNG Sehr schlank. Kopf vom Körper deutlich abgesetzt. Färbung sehr variabel. Grundfärbung von braun bis grau und graugrün oder auch gelb bis orangerot. Körperoberseite mehr oder weniger stark gefleckt.
TERRARIUM Hohes Terrarium, robuste echte oder Kunststoffpflanzen. Beheiztes Wasserbecken. Vernebler.
KLIMA 25–32 °C, kaum Nachtabsenkung. Hohe Luftfeuchte (80–90 %).
FUTTER Nager. Manche Tiere nehmen nur Vögel bzw. Eintagsküken, in der Natur auch Echsen.
ZUCHT Nicht ganz einfach. Lebend gebärend. Tragezeit 6–7 Monate. Jungtiere oft schwer zur Futteraufnahme zu bewegen, da häufig Echsenfresser
BEMERKUNG Unter dem Begriff Gartenboa werden inzwischen 7 Arten unterschieden, wobei *C. hortulanus* am häufigsten als Terrarientier anzutreffen ist. Leicht reizbar und bissig! Schutzstatus WA II und Anhang B der EU-VO.

Hundskopfboa
Corallus caninus (Linnaeus 1758)

LÄNGE Meist bis 2 m, selten bis 3 m.
VERBREITUNG Nördliches Südamerika. Lebt in tropischen Waldgebieten, oft in der Nähe von Gewässern. Baum bewohnend.
BESCHREIBUNG Seitlich leicht abgeflachter Körper. Vom Hals abgesetzter trapezförmiger Kopf. Greifschwanz. Grüne Grundfärbung mit weißen Flecken. Unterseite hellgelb bis gelbgrün. Jungtiere rot, rotbraun oder gelb mit weißer Fleckung.
TERRARIUM Hohes Terrarium, mit robusten echten oder Kunststoffpflanzen. Großes, beheiztes Wasserbecken.
KLIMA 28–32 °C, kaum Nachtabsenkung. Ultraschallvernebler. Unbedingt hohe Luftfeuchte (80–90 %). Stehende Luft aber vermeiden. Regelmäßiges Sprühen erforderlich, da manche Tiere nicht aus Wasserschalen trinken, sondern nur Tropfen von Oberflächen ablecken.
FUTTER Vor allem Vögel, z.T. Nager, in der Natur auch Frösche und Echsen.
ZUCHT Schwierig. Lebend gebärend. Tragezeit 6–8 Monate.
BEMERKUNG Auch als „Grüner Hundskopfschlinger“ im Handel. Oft aggressiv. Bisse sehr unangenehm, nicht für Anfänger geeignet! Schutzstatus WA II und Anhang B der EU-VO.

Madagaskar-Hundskopfboa
Sanzinia madagascariensis (Dumeril & Bibron 1844)

LÄNGE Maximal 2,5 m.
VERBREITUNG Madagaskar, in Regenwaldgebieten, aber auch in trockenen Laubwäldern. Meist in der Nähe von Gewässern. Überwiegend Boden bewohnend.
BESCHREIBUNG Deutlich vom Hals abgesetzter Kopf. Grundfärbung der Körperoberseite grau bis grünlich mit Musterung aus dunklen Querbändern mit weißen Streifen. Zwischen Auge und Mundwinkel verläuft ein dunkler Streifen. Jungtieren rostbraune oder karmesinrote Grundfärbung.
TERRARIUM Großes beheiztes Wasserbecken.
KLIMA 26–30 °C tagsüber, nachts 18–22 °C. Hohe Luftfeuchte vor allem nachts.
FUTTER Nager, Eintagsküken.
ZUCHT Nicht ganz einfach. Lebend gebärend. Stimulation der Paarung durch Ruhephase von Juni bis September mit Temperaturabsenkung um 5–6 °C und reduzierter Beleuchtungsdauer von nur 8 Stunden täglich. Trächtige Weibchen weisen meist eine deutlich dunklere Grundfärbung auf als im nichtträchtigen Stadium. Trächtigkeitsdauer 6–8 Monate. Männchen können während der Paarungszeit untereinander unverträglich sein.
BEMERKUNG Schutzstatus: WA I und Anhang A der EU-VO.

Dumerils Madagaskarboa
Acrantophis dumerili (Jan 1860)

LÄNGE Bis ca. 2,5 m.
VERBREITUNG Madagaskar; Reunion; im Regenwald.
BESCHREIBUNG Seitlich braun-grau, oberseits dunkelbraun mit rotbrauner und schwarzer Fleckenzeichnung.
TERRARIUM Ein großes Wasserbecken muss vorhanden sein. Bodengrund hoch aufschütten, da die Tiere sich auch gerne eingraben.
KLIMA 26–30 °C, nachts leichte Absenkung um 3–5 °C. Hohe Luftfeuchte vor allem nachts (70–90 %).
FUTTER Nager, Eintagsküken, in der Natur Kleinsäuger und Vögel.
ZUCHT Nicht ganz einfach. Induktion der Paarung durch Absenken der Temperatur um 3–4 °C, Reduzierung der Luftfeuchte auf 60 % und Beleuchtung um 2–3 Stunden verkürzen für ca. 8 Wochen. Es wird empfohlen, Jungtiere einzeln aufziehen, da ein Hang zum Kannibalismus vorhanden sein soll.
BEMERKUNG Wird auch als "Südliche Madagaskarboa" bezeichnet, im Gegensatz zu Sanzinia madagasacariensis, die auch "Nördliche Madagaskarboa" genannt wird. Schutzstatus WA I und Anhang A der EU-VO.

Königspython
Python regius (Shaw 1802)

LÄNGE Bis maximal 1,8 m.
VERBREITUNG West- bis Zentralafrika. Lebt in Savannen, Trockenwäldern und in der Regelnwaldrandzone.
BESCHREIBUNG Grundfärbung goldfarbig bis olivebraun, in unterschiedlichen Abständen dunkle Längsbinden, die mit Querbinden verbunden sind. Kopf an der Oberseite dunkel, gelber Streifen von Nasenspitze bis Hinterhaupt. Inzwischen Farbvarianten erhältlich, z.B. „Jungle Python“ mit hohem Gelbanteil.
TERRARIUM Viele Versteckmöglichkeiten anbieten. Kräftige und breite Kletteräste.
KLIMA tagsüber 26–30 °C, nachts 3–4 °C kühler. Luftfeuchte ca. 60 %, im Herbst und Frühjahr höher.
FUTTER Nager, häufig werden ausschließlich Rennmäuse (Gerbils) angenommen.
ZUCHT Nicht einfach. Weibchen legt meist nur jedes 2. Jahr 4–8 Eier. Stimulation der Paarung durch Absenkung der Temperaturen im Herbst; Simulation von Trocken- und Regenzeiten.
BEMERKUNG Stressempfindliche Schlange. Nur bedingt für Einsteiger geeignet. Wildfänge verweigern häufig das Futter und sind schwer einzugewöhnen, daher auf keinen Fall Wildfänge erwerben, sondern nur futterfeste Nachzuchten. Schutzstatus WA II und Anhang B der EU-VO.

Buntpython
Python curtus (Schlegel 1872)

LÄNGE 1,3–2,0 m.
VERBREITUNG Auf Sumatra und Borneo, in Feuchtgebieten, Boden bewohnend.
BESCHREIBUNG Sehr gedrungener Körper, relativ schmaler, vom Hals deutlich abgesetzter Kopf, Schwanz relativ kurz; variable Grundfärbung von graubraun über dunkelbraun und schwarz bis rosa oder ziegelrot; Oberseite mit unregelmäßig geformten, gelblichen Flecken, die bandförmig quer zur Körperachse angeordnet sein können; an der Kopfoberseite befindet sich eine von der Schnauzenspitze bis zum Nacken ziehende braune Linie; Bauchseite meist hellgrau und gefleckt.
TERRARIUM Großes, beheiztes Wasserbecken (26–28 °C); gut funktionierende Belüftung (evtl. Ventilator).
KLIMA Hohe Luftfeuchte (> 80 %), Temperaturen von 26–30 °C, kaum Nachtabsenkung.
FUTTER Im Terrarium: Nager, Eintagsküken.
ZUCHT Schwierig; Auslösung der Paarung durch simulierte Regenzeit; Jungtiere verweigern oft Futter (Zwangsernährung).
BEMERKUNG Auch Blut- oder Kurzschwanzpython genannt. Meist sehr aggressiv; Bisse tief und schmerzhaft; Pflege nicht einfach, manchmal heikel in der Fütterung, neigt zu Hauterkrankungen.

Teppichpython
Morelia spilota (Lacépède 1804)

LÄNGE Bis 3,5 m.
VERBREITUNG An der australischen Ostküste bis in den Südwesten Westaustraliens; Inneraustralien, Neuguinea und Tokelau-Inseln; im tropischen Regenwald, auch in Offenlandflächen, gern in der Nähe von Gewässern.
BESCHREIBUNG Schlanker Körper, breiter, stumpfschnäuziger Kopf, Gruben der Unterlippen deutlich ausgeprägt; Färbung und Musterung extrem variabel; Grundfärbung schwarz bis olivgrün, oberseits gefleckt in mehr oder weniger großen hellen Flecken, die ein rautenförmiges Muster ergeben können, Unterseite gelblich weiß und gebändert, langer Schwanz.
TERRARIUM Großes, beheiztes Wasserbecken, reichlich Kletteräste.
KLIMA 26–29 °C tagsüber, nachts Abkühlung auf 22 °C; Luftfeuchte über 65 %.
FUTTER Vögel, Säuger, Echsen und Frösche; im Terrarium: Nager.
ZUCHT Mittelschwer, Eier legend; meist nur alle 2 Jahre Reproduktion; Paarung kann induziert werden durch Verringerung der Temperatur und Verkürzung der Beleuchtungszeit für 6–8 Wochen.
BEMERKUNG Auch Diamant- oder Rautenpython genannt. Meist ruhiges Verhalten, wird leicht zahm.

Dunkler Tigerpython
Python molurus bivittatus (Linnaeus 1758)

LÄNGE Bis über 6 m.
VERBREITUNG Südostasien. Lebt in tropischem Regenwald, auch in Randzonen, in der Nähe von Gewässern.
BESCHREIBUNG Grundfärbung gelblich cremefarben bis dunkelbraun mit dunklen Fleckenreihen. Dunkelbraunes Band am Kopf, welches am Nasenschild beginnt und sich über das Auge bis zu den hinteren Nasenschildern hinzieht. Bauchseite cremeweiß bis hellgrau. Auch albinotische Zuchtformen („Goldpython") vorhanden.
TERRARIUM Extrem geräumiges Terrarium notwendig. Großer beheizter Wasserteil. Erhöhte Liegeflächen.
KLIMA 25–30 °C, hohe Luftfeuchte (70–90 %).
FUTTER Je nach Größe Nager, Kaninchen, Ferkel, Hühner.
ZUCHT Relativ leicht; Eier legend.
BEMERKUNG Für den normalen Terrarianer aufgrund der Größe nicht geeignet! Trotzdem relativ häufig als Jungtiere im Handel. Schutzstatus WA II und Anhang B der EU-VO. Bevorzugte Schlangenart bei Vorführungen und in Schauanlagen, da meist sehr umgänglich. Der helle Tigerpython (Python molurus molurus) unterliegt WA I und Anhang A der EU-VO.

Netzpython
Python reticulatus (Schneider 1801)

LÄNGE Bis zu 9 m.
VERBREITUNG In Südostasien, Philippinen, Kleine Sundainseln. Lebt bevorzugt in der Nähe von Flüssen und Seen zu finden, zum Teil Kulturfolger.
BESCHREIBUNG Braungelbe bis rötliche Gitterzeichnung auf hellem Grund. Bauchseite gelblich weiß und unregelmäßig mit schwarzen Flecken versehen. Schwanzunterseite braun marmoriert.
TERRARIUM Sehr geräumiges Terrarium, großer Wasserbehälter.
KLIMA 24–30 °C, hohe Luftfeuchte. Erhöhte Liegeflächen.
FUTTER Säugetiere und Vögel entsprechend der Größe des Tieres.
ZUCHT Gelingt selten; Eier legend.
BEMERKUNG Aufgrund der Größe und der Aggressivität für den normalen Terrarianer nicht geeignet! Es gibt vereinzelt Berichte, dass diese Schlangen auch Menschen als Beute betrachtet haben. Schutzstatus WA II und Anhang B der EU-VO.

Grüner Baumpython
Morelia/Chondropython viridis (Schlegel 1872)

LÄNGE Bis maximal 2 m.
VERBREITUNG Nördliches Kap, York-Halbinsel, Neuguinea. Im tropischen Regenwald an Gewässern, Baum bewohnend.
BESCHREIBUNG Färbung hellgrün, seltener blaugrün oder hellblau. Körperzeichnung: eine Punktreihe mit weißen oder gelblichweißen Flecken neben der Rückenlinie. Unterseite hellgelb. Jungtiere gelbliche, rostbraune oder rötliche Grundfärbung mit sehr variabler Zeichnung in Form von braunen Linien und Flecken.
TERRARIUM Hoch, Kletteräste, robuste echte oder Kunststoffpflanzen. Großes, beheiztes Wasserbecken. Ultraschallvernebler.
KLIMA 26–32 °C, kaum Nachtabsenkung. Hohe Luftfeuchte, tägliches Sprühen.
FUTTER Eintagsküken, Nager.
ZUCHT Eier legend. Stimulation durch Verkürzung der Beleuchtungsdauer sowie geringgradige Absenkung der Temperaturen. Männchen oft untereinander unverträglich, daher nur ein männliches Tier pro Terrarium. Jungtiere oft schwierig zur spontanen Futteraufnahme zu bewegen.
BEMERKUNG Nur für erfahrene Pfleger. Anfällig für Atemwegserkrankungen bei zu geringer Luftfeuchte. Schutzstatus WA II und Anhang B der EU-VO.

Anakonda
Eunectes murinus (Linnaeus 1758)

LÄNGE Bis 9 m.
VERBREITUNG Südamerika, stark ans Wasser gebunden.
BESCHREIBUNG Kopf wenig von Hals abgesetzt, Körpergrundfarbe oliv bis graugrün, auf dem Rücken dunkle, teils ineinander übergehende Flecken. Schwarz eingefasster Streifen vom Auge bis zum Maulwinkel. Bauch hellgrau bis gelblich und schwarz gefleckt.
TERRARIUM Sehr geräumiges Terrarium mit großem und genügend tiefem Wasserteil.
KLIMA 24–32 °C, kaum Nachtabsenkung. Hohe Luftfeuchte (70–90 %).
FUTTER Säuger in verschiedenen Größen. Jungtiere sollen auch Fische fressen.
ZUCHT Lebendgebärend, Tragezeit 6–7 Monate.
BEMERKUNG Aufgrund der Größe und der Aggressivität dieser Schlangen für den privaten Schlangenhalter nicht geeignet. Vergesellschaftung mit kleineren Schlangen vermeiden. Schutzstatus WA II und Anhang B der EU-VO. Südlich an das Verbreitungsgebiet der beschriebenen Art schließt sich das der Südanakonda (Eunectes notaeus) an, die kleiner bleibt (bis ca. 3 m) und auch als Gelbe Anakonda bezeichnet wird. Diese ist als Terrarientier aufgrund der Größe und Aggressivität für den normalen Terrarianer nicht geeignet.

Das Terrarium

Terrarien aus verschiedenen Materialien

GLASTERRARIEN Im Zoofachhandel sind Silikon verklebte Glasterrarien in den verschiedensten Größen und Formen in reichlicher Auswahl zu bekommen. Manche Schlangenliebhaber basteln sich ihre Terrarien oder sogar ganze Anlagen aus Holz oder Kunststoff auch selbst. Holz hat den Nachteil, dass es unter Einwirkung von Feuchtigkeit aufquillt und sich verzieht. Der Selbstbau von Glasterrarien lohnt sich in der Regel kaum. Wichtig sind sowohl bei handelsüblichen als auch bei selbst gebauten Terrarien ausreichende Lüftungsflächen. Diese sollten an zwei Flächen (zum Beispiel Seitenscheibe und Deckscheibe) angebracht und so groß sein, dass stehende Luft unbedingt vermieden wird. Gerade bei Regenwaldterrarien oder solchen, bei denen zeitweise eine hohe Luftfeuchte herrscht, hat sich eine Lüftungsfläche unterhalb der Frontscheiben bewährt. Die Scheiben beschlagen dann nicht so leicht und die Sicht auf die Bewohner wird nicht eingeschränkt. Die Lüftungsflächen sollten mit Drahtgaze oder besser Lochblech versehen sein. Kunststoffgaze kann von Futtertieren sehr schnell zerbissen werden und die Schlangen könnten entweichen.

PLASTIKTERRARIEN Die handelsüblichen Plastikterrarien sind aufgrund der geringen Größe nur übergangsweise für Jungschlangen, zur separaten Fütterung oder zum Transport kleinerer bis mittelgroßer Schlangen geeignet. Auf keinen Fall sollte man ein ausgedientes Aquarium als Schlangenterrarium verwenden, auf das ein Deckel gesetzt wird. Die Durchlüftung in diesem Behälter ist extrem schlecht, sodass die stehende Luft zu Erkrankungen der Atemwege bei den Schlangen führen kann.

FREILANDTERRARIEN Einheimische Schlangen, die von einem Züchter erworben wurden oder Arten aus entsprechenden Klimazonen können auch ganzjährig oder zumindest im Sommer in einem Freilandterrarium gehalten werden, welches aber absolut ausbruchssicher sein muss.

Individuelle Ansprüche beachten

Prinzipiell muss zwischen Boden und Baum bewohnenden Schlangen unterschieden werden. Rein Boden bewohnende Schlangen benötigen eine relativ große Grundfläche. Die Höhe des Terrariums ist weniger entscheidend. Kletternattern wie Kornnattern benötigen jedoch auch eine gewisse Höhe mit vielen Kletterästen. Baum bewohnende Schlangen sollten ein möglichst hohes Terrarium mit reichlich Kletterästen erhalten, von denen einige waagerecht angebracht werden, da sich die Tiere gerne in Ruhehaltung darauf aufhalten. Ans Wasser gebundene Schlangen, wie z. B. Strumpfbandnattern, brauchen einen großen Wasserteil, der etwa ein Viertel bis ein Drittel der Grundfläche des Terrariums einnimmt, sodass die Tiere auch schwimmen können. Der Landteil darf nicht feucht sein, damit die Tiere komplett abtrocknen können. Als Regenwaldterrarium für Baum bewohnende Schlangen sollte ein hohes Terrarium mit reichlich Kletterästen, davon einige waagerecht angebracht, eingerichtet werden. Ein großes Wasserbecken und reichlich Kunststoff- oder echte Pflanzen dürfen ebenfalls nicht fehlen.

Im Terrarium sollten unbedingt Versteckmöglichkeiten z.B. in Form von Korkrinden oder Holzhöhlen vorhanden sein.

INFO

Faustregel für die Mindestgröße

- Nattern:

Terrarienlänge = Körperlänge
Terrarienbreite = ½ der Körperlänge
Terrarienhöhe = Körperlänge

- Riesenschlangen:

Terrarienlänge = ¾ der Körperlänge
Terrarienbreite = ½ der Körperlänge
Terrarienhöhe = ½ der Körperlänge

Terrariengröße

Die Größe eines Terrariums richtet sich selbstverständlich nach der Größe der zu pflegenden Schlange und auch nach der Bewegungsfreude der jeweiligen Art. Sicherlich können Jungschlangen in kleineren Terrarien gepflegt werden. Trotzdem sollte man immer die Endgröße dieser Tiere im Kopf haben und über den Platz für ein größeres Terrarium für das ausgewachsene Tier verfügen. Prinzipiell muss ein Terrarium so groß sein, dass sich eine Schlange darin ausstrecken kann. Die meisten Schlangen sind eher Lauerjäger, d.h. sie warten, bis ein Beutetier vorbeikommt. Daher ist der Bewegungsbedarf dieser Tiere eher gering. Für bewegungsfreudige Arten wie z.B. Strumpfbandnattern muss der Behälter jedoch erheblich größer sein. Für Boden bewohnende Arten ist eine möglichst große Bodenfläche zu wählen, während Baum bewohnende Arten hohe Behälter benötigen. Prinzipiell kann ein Terrarium gar nicht groß genug sein. Die Mindestgrößen für ein Schlangenterrarium sind im „Gutachten zu den Mindestanforderungen an die Haltung von Reptilien“(S.119.) für die am häufigsten gehaltenen Arten angegeben.

Terrarienstandort

Für den Standort eines Terrariums sollte ein ruhiger Platz in der Wohnung gewählt werden, sodass die Schlange nicht permanent Erschütterungen durch vorbeilaufende Personen ausgesetzt ist. Die Terrarien sollten auch nicht direkt auf den Boden gestellt werden (außer sehr hohe), da viele Tiere eine Betrachtung von oben als Bedrohung empfinden. Der Untergrund muss stabil und eben sein. Eine Kunststoffmatte oder eine dünne Styroporplatte unter dem Terrarium helfen, Spannungen im Glas und daraus resultierende Sprünge zu vermeiden.

Kornnattern gehören zu den Kletternattern und benötigen unbedingt einige Äste im Terrarium.

GEWICHT BEDENKEN Bei großen Terrarien kann mit der Einrichtung ein erhebliches Gewicht zustande kommen, sodass die Tragfähigkeit des Möbelstückes oder des Bodens überschritten werden kann.

ZUGLUFT UND SONNE Auf keinen Fall dürfen Terrarien so platziert werden, dass sie pralle Sonne abbekommen, z. B. an einem Fenster. In dem geschlossenen Behälter kann sich die Temperatur schnell so stark erhöhen, dass die Bewohner infolge Überhitzung sterben. Auch an Stellen in der Wohnung, an denen öfters Zugluft herrscht, sollte kein Terrarium aufgestellt werden. Die meisten Reptilien reagieren sehr empfindlich auf Zugluft und Atemwegserkrankungen können die Folge sein. Wenn mehrere Terrarien unterhalten werden, kann es empfehlenswert sein, diese in einem Raum unterzubringen, der dann auch an die Bedürfnisse der Pfleglinge, z.B. in Form einer generell höheren Temperatur oder einer stärkeren Nachtabsenkung, angepasst werden kann. Auch können hier leichter Vorrichtungen gegen das Entweichen von Schlangen getroffen werden, wie z.B. eine Vergitterung der Fenster mittels Fliegengitter und ein Abdichten der Türritzen.

KEIN RAUCH In dem Raum, in dem Schlangen gehalten werden, sollte nicht geraucht werden, da v. a. Jungschlangen empfindlich gegenüber Nikotin reagieren können.

LEICHTER ZUGANG Generell sollte jedes Terrarium leicht zugänglich sein, da die Pflegearbeiten bei beengten Platzverhältnissen doch sehr erschwert werden und die Motivation zu Pflegearbeiten rapide sinken lässt.

Terrarientechnik

Heizvorrichtungen

Die meisten gepflegten Schlangenarten stammen aus tropischen oder subtropischen Gegenden. Ihnen reicht somit die Zimmertemperatur zum optimalen Funktionieren des Stoffwechsels nicht aus, denn es werden meistens Temperaturen von 24 – 30 °C benötigt. Daher müssen Heizvorrichtungen installiert werden. Dabei sollte darauf geachtet werden, dass ein Temperaturgefälle im Terrarium entsteht, also nicht an jeder Stelle im Terrarium die gleiche Temperatur herrscht. Die Schlange muss sich aussuchen können, ob sie gerade kühlere oder wärmere Temperaturbereiche aufsuchen will. Trächtige Schlangen sind z.B. oft sehr wärmebedürftig und nutzen jede Möglichkeit, ihren Organismus aufzuheizen, z.B. unter einer Spotlampe. Es gibt verschiedenen Möglichkeiten, die Temperatur in einem Terrarium generell oder nur lokal zu erhöhen, z.B. durch Heizstrahler (Spotlampen, Infrarotstrahler), Heizkabel, Heizmatten und sog. Heizsteine.

HEIZSTRAHLER Da Schlangen sich gerne um Heizstrahler herumwickeln und sich dann schwere und nicht selten tödliche Verbrennungen zuziehen können, müssen diese unbedingt von einem Schutzkorb umgeben sein oder außerhalb des Terrariums montiert werden. Abzuraten ist von Infrarot- oder Elstar-Strahlern, da diese nur Wärme produzieren, jedoch kein Licht. Da Reptilien Helligkeit mit Wärme gleichsetzen, kommt es bei dieser Art von Strahlern sehr häufig zu Verbrennungen oder Überhitzung, da die Tiere den zu hohen Temperaturen nicht rechtzeitig ausweichen. Da die Fassungen von Elstar-Strahlern und anderen leistungsfähigen Strahlern sehr heiß werden, müssen unbedingt spezielle Porzellan- oder Metallfassungen für diese verwendet werden.

HEIZMATTEN UND HEIZKABEL Wenn die Heizvorrichtungen im Terrarium verlegt werden, sollte eine dünne Holzplatte, die über dem Heizkabel bzw. der Heizmatte und unter der Einstreu anbracht wird, den direkten Kontakt zum Tier vermeiden. Heizkabel und Heizmatten sollten nicht im Bereich des gesamten Terrariums verlegt werden, damit auch kühlere Bereiche im Terrarium vorhanden sind. Heizkabel und -matten liefern die Wärme von unten, was den natürlichen Gegebenheiten nicht entspricht: Je tiefer sich ein Tier eingräbt, umso wärmer wird es. Daher sollte Heizstrahlern der Vorzug gegeben werden.

HEIZSTEINE Heizsteine sind nur als sekundäre Wärmequelle zu verwenden. Aus Sparsamkeit das Terrarium unbeheizt zu lassen und nur einen Heizstein anzubieten, reicht nicht aus, da auch die Lufttemperatur entsprechend hoch sein muss, damit gerade ein tropisches Tier sich wohl fühlt.

Thermostat

Gerade wenn die Zimmertemperaturen stärker schwanken oder wenn ein Heizelement verwendet wird, das für die Erwärmung des Terrariums eine zu hohe Leistung besitzt und dieses bei Dauerbetrieb über der optimalen Temperatur der gepflegten Schlangen liegt, kann der Einsatz eines Thermostates sinnvoll sein. Über einen Temperaturmessfühler wird die aktuelle Temperatur im Terrarium gemessen und bei Unterschreiten einer festgelegten Temperatur die Heizvorrichtungen in Gang gesetzt beziehungsweise bei Überschreiten abgeschaltet. Auch Nachtabsenkungen sowie die Steuerung von Temperaturzyklen stellen vor allem bei hochwertigen Thermostaten kein Problem dar.

Thermometer

Ein mechanisches oder digitales Thermometer mit einem Messbereich von etwa 0 bis 40 °C sollte in keinem Terrarium fehlen, damit stets die aktuelle (Luft-)Temperatur überprüft und korrigiert werden kann. Gerade nach der Neueinrichtung eines Terrariums empfiehlt es sich, ein oder mehrere Thermometer an verschiedenen Stellen im Terrarium zu platzieren, um festzustellen, ob sich die Temperaturen auch wirklich im Vorzugsbereich der zu pflegenden Art befinden.

Lichtquellen

Zur Beleuchtung von Schlangenterrarien haben sich Leuchtstoffröhren bestens bewährt. Für tagaktive Schlangen empfehlen sich vor allem solche mit einem geringen UV-Anteil. Schlangen kommen zwar prinzipiell ohne UV-Licht aus und erkranken ohne UV-Licht nicht wie andere Reptilien an Rachitis, sind aber mit UV-Licht wesentlich aktiver und vitaler. Vor allem bei Strumpfbandnattern, die zu Hauterkrankungen neigen, kann diesen mit UV-Licht vorgebeugt werden. Leuchtstoffröhren mit UV-Anteil sind aber leider relativ kurzlebig und müssen alle 6 Monate ausgetauscht werden, da dann der UV-Anteil gegen Null geht. Zwischen UV-Lampe und Tier darf sich keine Glasscheibe befinden, da das UV-Licht durch Glas weitgehend resorbiert wird. Zur Aufheizung von Terrarien und vor allem zur Schaffung eines Sonnenplatzes, der von tagaktiven Schlangen gerne genutzt wird, kann man verschiedene Strahler oder auch nur Glühbirnen einsetzen. Es gilt auch hier, dass ein Korb als Schutz vor Verbrennungen unabdingbar ist, wenn die Strahler im Terrarium montiert sind. Die Beleuchtungsdauer für die meisten tropischen Arten liegt bei 12 Stunden pro Tag. Bei Arten aus gemäßigten Zonen kann oft durch Verkürzung oder Verlängerung der Beleuchtungsdauer die Fortpflanzung stimuliert werden.

Wasserschalen sollten so groß sein, dass die Schlange auch darin baden kann.

Geräte zur Erhöhung der Luftfeuchte

SPRÜHEN Bei Schlangen, die aus trockeneren oder nur zeitweise feuchteren Gegenden stammen, reicht ein mehr oder weniger häufiges Sprühen des Terrariums mit einer handelsüblichen Sprühflasche aus.

VERNEBLER Insbesondere bei Schlangen, die aus tropischen Regenwäldern stammen und eine hohe Luftfeuchte zur artgerechten Haltung benötigen, ist jedoch ein Vernebler empfehlenswert. Es gibt verschiedene Modelle von Ultraschallverneblern im Handel.

WASSERBECKEN Man kann auch ein großes Wasserbecken beheizen. Dies kann durch einen Stabheizer, wie er in der Aquaristik Verwendung findet, oder mittels einer Heizmatte unter dem Wassergefäß erfolgen. Auch kleine Wasserfälle, die mittels einer Pumpe für Zimmerspringbrunnen geschaffen werden, können eingesetzt werden, um die Luftfeuchte in einem Terrarium zu erhöhen.

Für Regenwaldbewohner ist eine hohe Luftfeuchte im Terrarium erforderlich.

Hygrometer

Ein Hygrometer gibt die aktuelle Luftfeuchte im Messbereich von 0–100 % an und sollte in jedem Terrarium vorhanden sein. Bei 100 % ist die Luft maximal mit Wasser gesättigt. Bei höheren Temperaturen kann die gleiche Menge Luft mehr Wasser aufnehmen, sodass eher von „relativer Feuchte" gesprochen werden sollte. Es gibt auch Hygrometer, die mit einem Thermometer in einem Gerät zusammengefasst sind. Digitale Hygrometer sind zu bevorzugen, da sie eine höhere Messgenauigkeit aufweisen. Bei mechanischen Hygrometern muss immer wieder überprüft werden, ob sie noch exakt funktionieren.

Sonstige Hilfsmittel

Zeitschaltuhr

Auf jeden Fall sollte auch eine Zeitschaltuhr vorhanden sein, über die die Beleuchtung und gegebenenfalls auch die Heizvorrichtungen geregelt werden. Auch Nachtabsenkungen können mittels Zeitschaltuhr bewerkstelligt werden. Digitale Zeitschaltuhren erlauben im Gegensatz zu mechanischen Geräten die Einstellung vieler und auch sehr kurzer Zeitintervalle sowie von Wochen- und Monatsprogrammen, sodass sie sehr sinnvoll zur Gestaltung von saisonalen Faktoren wie die Beleuchtungslänge eingesetzt werden können.

Schlangenhaken

Ein Schlangenhaken ist ideal, um aggressive bzw. noch nicht zahme Schlangen relativ stressfrei herauszufangen, von einem Terrarium in ein anderes umzusetzen oder sie zu fixieren. Zur Fixierung lässt man die Schlangen auf einer ebenen Fläche (Boden oder Tisch) kriechen und fixiert sie dann direkt hinter dem Kopf mit dem Haken. Danach kann man sie hinter dem Kopf fassen und läuft nicht mehr Gefahr, gebissen zu werden. Gerade wenn man aggressive Arten, z.B. Gartenboas pflegt, ist dieses Gerät unentbehrlich.

Futterpinzette
Auch zahme Schlangen können, wenn sie Beute wittern, in ihrer Fressgier auch einmal nach der Hand des Pflegers schnappen und unangenehme Bisswunden verursachen. Dementsprechend sollten lebende und vor allem tote Futtertiere auf jeden Fall mit einer langen Pinzette gereicht werden.

Schloss
Absolut empfehlenswert ist ein Terrarienschloss. Es verhindert zum einen, dass Unbefugte wie Kinder oder Besuch die Terrarienscheiben öffnen. Zum anderen kann die Schlange die Scheiben nicht aufschieben, wenn ein Schloss angebracht ist.

Sand oder Kies als Bodengrund ist nicht empfehlenswert, da er gerne an Futtertieren haften bleibt.

Die Einrichtung

Seiten- und Rückwandverkleidung
VOR- UND NACHTEILE Für eine Verkleidung der Rückwand und der Seitenwände sprechen mehrere Gründe. So werden dadurch die Bewegungs- und Versteckmöglichkeiten der Tiere erweitert. Auch unterliegen die Tiere weniger Stress, wenn sie nur von vorne von ihren Pflegern betrachtet werden können und auch untereinander entsteht bei den Tieren weniger Stress, wenn sie benachbarte Terrarienbewohner nicht sehen können, insbesondere wenn es sich dabei um potentielle Fressfeinde handelt. Die Nachteile seien auch nicht verschwiegen: Zum einen quetschen sich gerade Schlangen in die kleinsten Zwischenräume, sodass es passieren kann, das bei nicht adäquater Gestaltung der Rück- oder Seitenwand sich der oder die Bewohner permanent zwischen Scheibe und Wandverkleidung befinden, dort nicht zu sehen und im Bedarfsfall auch schwer hervorzuholen sind. Zum anderen lässt sich natürlich ein Terrarium mit Verkleidung in manchen Fällen relativ schlecht gründlich reinigen.

GESTALTUNG Die Rück- und die Seitenwände können im einfachsten Fall von außen nur mit Farbe oder analog zu Aquarien mit Fotorückwänden verkleidet werden. Dann können die beschriebenen Nachteile nicht auftreten. Die Gestaltung kann aber auch aufwändiger mit Korkstücken, Korkplatten oder Styropor innen an den Terrarienwände mittels Aquariensilikonkleber erfolgen. Damit können zusätzliche Kletter-, Versteck- und Liegemöglichkeiten geschaffen werden. Eine andere Möglichkeit sind im Zoofachhandel erhältliche Rückwände aus Kunststoff, die aber relativ teuer sind.

Bodengrund

Welcher Bodengrund am besten geeignet ist, hängt von der jeweils gepflegten Schlangenart und auch vom Geschmack des Pflegers ab. Allerdings sollten die ästhetischen Gesichtspunkte erst an zweiter Stelle stehen. Bei Schlangen, die sich gerne im Bodengrund eingraben wie die Königsnattern, sollte der Bodengrund deutlich höher aufgeschüttet werden als beispielsweise bei Kletternattern.

SÄGESPÄNE Für Schlangen aus trockeneren Gebieten können grobe Sägespäne oder Holzstückchen Verwendung finden.

RÄUCHERGOLD Viele Schlangenhalter benutzen das so genannte „Räuchergold". Das sind Buchenholzstückchen in verschiedenen Größen, die zum Räuchern von Fleischwaren im Metzgereibedarf erhältlich sind. Diese enthalten garantiert keine schädlichen chemischen Zusätze. Allerdings kann es auch hier in Einzelfällen, wenn auch selten, zum Abschlucken mit dem Beutetier kommen und zu Verdauungsproblemen führen. Daher sollte gerade bei kleineren Schlangen immer eine möglichst große Körnung verwendet werden, um dem vorzubeugen. Im Zoofachhandel ist auch Bodengrund aus anderem Holz oder auch Rinde wie z.B. Pinie erhältlich, welches auch gut für Schlangen aus trockeneren Gebieten geeignet ist. Weiterhin können unbehandelte Strohpresslinge aus der Nagerhaltung, sog. Terrarienerde oder Terrarienhumus als Bodengrund Verwendung finden.

RINDENMULCH UND KOKOSERDE Schlangen aus Gebieten mit hoher Luftfeuchte benötigen einen Bodengrund, der nicht so leicht schimmelt. Hier eignen sich z.B. unbehandelter Rindenmulch oder Kokoserde. Letztere ist in Gartenfachmärkten oder Baumärkten in Form von Ziegeln erhältlich, die vor der Verwendung erst eingeweicht werden müssen. Torf sollte nicht verwendet werden, da der übliche Gartentorf in der Regel mit Düngerzusätzen versehen ist und zudem sehr schnell austrocknet und dann stark staubt.

GARTENERDE ODER MOOS von draußen kann verwendet werden. Allerdings besteht hier die Gefahr, sich verschiedene Insekten oder schlimmstenfalls Parasiten ins Terrarium einzuschleppen. Als Vorbeugung kann die Erde z. B. im Backofen erhitzt werden, um unerwünschte Organismen abzutöten.

SAND ODER FEINER KIES ist generell nicht zu empfehlen, da dieser gerne an Futtertieren haften bleibt, insbesondere wenn es sich um aufgetaute Tiere handelt. Er wird dann unbeabsichtigt mit aufgenommen werden und kann zu lebensbedrohlichen Verstopfungen führen. Außerdem kann dieser Bodengrund, vor allem bei sehr feinem Sand, zu Hautproblemen führen. Auch von dem in Zoofachhandel erhältlichen farbigen Sand oder Kies sollte Abstand genommen werden, da durch die Farbstoffe Schädigungen oder gar Vergiftungserscheinungen bei Schlangen nicht auszuschließen sind. Absolut ungeeignet ist Katzenstreu oder Kleintierstreu.

Versteckmöglichkeiten

Die meisten Schlangen verbringen den größten Teil des Tages in ihrem Versteck, sodass Versteckmöglichkeiten für diese Tiere unabdingbar sind. Als Versteckmöglichkeiten eignen sich Korkrinden, Holzhöhlen, halbierte Kokosnussschalen, Töpfe, aus denen ein Stück herausgeschlagen worden ist (scharfe Kanten bitte unbedingt abfeilen), Wurzeln und Kunststoffpflanzen. Für Baum bewohnende Schlangen sollten vor allem Kunststoffpflanzen oder eventuell auch lebende Pflanzen reichlich vorhanden sein, um eine entsprechend Deckung zu schaffen. Für diese Schlangen können auch Nistkästen für Vögel sowie Tonröhren oder ausgehöhlte Holzstücke im Geäst als Versteck angebracht werden.

Klettermöglichkeiten

Kletteräste, die mindestens den Durchmesser der Schlange aufweisen sollten, können aus Baumschnitt hergestellt werden. Dabei sollten die Äste kräftig abgewaschen und geschrubbt werden, um das Einschleppen von Insekten ins Terrarium zu vermeiden. Viele Schlangen nehmen auch gerne erhöhte Liegeflächen an, die an den Seiten oder der Rückwand des Terrariums befestigt werden. Äste und/oder etwas Reisig sollten auch bei nicht kletternden Arten vorhanden sein, da diese als Häutungshilfen gerne angenommen werden.

Eine „Wet Box“ verhindert Häutungsprobleme und dient als Eiablageplatz.

Wet Box

Ein Einrichtungsgegenstand sollte in keinem Schlangenterrarium fehlen, nämlich die so genannte „Wet-Box“. So wird sie hergestellt: In eine Plastikbox, in die die jeweilige Schlange bequem hineinpasst, wird seitlich ein Loch geschnitten und die Box mit feuchter Seramis-Blumenerde, Kokoserde oder Moos aufgefüllt. Das Substrat sollte stets feucht (nicht nass!) gehalten werden. Die meisten Schlangen suchen speziell vor der Häutung dieses Versteck sehr gerne auf, insbesondere solche, die nicht gerne baden. Häutungsstörungen infolge zu niedriger Luftfeuchte treten dann auch nicht mehr auf. Außerdem benutzen die meisten Eier legenden Schlangen diese Box sehr gerne zur Eiablage. Dies hat den Vorteil, dass, wenn man die Eier vielleicht nicht gleich entdeckt, diese nicht eintrocknen oder verschrumpeln und oft auch noch ein paar Tage nach der Eiablage in den Brutapparat überführt und erfolgreich inkubiert werden können.

Echte Pflanzen sind attraktiv, aber bei der Haltung von Schlangen nicht unbedingt empfehlenswert.

Pflanzen im Terrarium

Prinzipiell empfiehlt es sich nicht, echte Pflanzen in ein Schlangenterrarium zu setzen. Riesenschlangen zerdrücken mit ihrem Gewicht jede Pflanze. Die agilen Nattern hingegen lockern an Ästen angebrachte Pflanzen durch ihre Bewegungen. Nicht zuletzt wirken die Ausscheidungen der Schlangen, insbesondere die Urate im Urin, schädigend auf die Bepflanzung. Außerdem benötigen die meisten Pflanzen eine relativ intensive Lichtbestrahlung, die gerade die nachtaktiven Schlangenarten nicht schätzen. Für Schlangenterrarien haben sich generell Kunststoffpflanzen am besten bewährt, die sich gut unter fließendem Wasser reinigen und auch desinfizieren lassen. Eine Ausnahme stellen die zarten Grasnattern dar, deren Terrarium in der Regel gut bepflanzt werden kann. Auch bei relativ trägen Baum bewohnenden Schlangen wie z. B. Gartenboas oder Baumpythons kann eine Bepflanzung mit robusten Pflanzen versucht werden. Gerade bei Regenwaldbewohnern wird durch echte Pflanzen das Mikroklima im Terrarium verbessert.

Baumfreund
Philodendron sp.

HEIMAT Mittelamerika.
HÖHE Ranken bis 2 m lang.
KLIMA Tropisch, nicht zu intensives Licht.
BEMERKUNG Kann als Kletterpflanze zum Beranken von Ästen oder Rückwand sowie hängend kultiviert werden.

Bromelien
Bromeliaceae sp.

HEIMAT Südliches Nord- bis Südamerika.
HÖHE Je nach Art 5–50 cm.
KLIMA Tropisch, hohe Luftfeuchte, aber keine stehende Nässe, sonst faulen die Blattrosetten. Hell bis halbschattig.
BEMERKUNG Verschiedenen Gattungen z. B. Tillandsia, Aechmea etc. beliebt. Baum aufsitzende Pflanze; bildet „Kindel" nach der Blüte.

Drachenbaum
Dracaena sp.

HEIMAT Afrika.
HÖHE In der Natur bis zu 20 m, in Kultur wesentlich kleiner bleibend.
KLIMA Verträgt auch Trockenheit, keine zu starke Beleuchtung.
BEMERKUNG Verträgt Rückschnitt gut.

Efeutute
Scindapsus sp.

HEIMAT Mittelamerika
HÖHE Ranken bis 2 m lang.
KLIMA Mittlere bis hohe Luftfeuchte, nicht zu intensives Licht.
BEMERKUNG Ampelpflanze, kann kletternd (z.B. um Äste) oder hängend kultiviert werden, auch zur Begrünung von Rückwänden geeignet.

Fensterblatt
Monstera deliciosa

HEIMAT Mexiko.
HÖHE Bis 3 m.
KLIMA Halbschatten, nicht zu intensive Beleuchtung.
BEMERKUNG Für große Terrarien empfehlenswert.

Graslilie
Chlorophytum comosum

HEIMAT Südafrika.
HÖHE Bis 50 cm.
KLIMA Hell, verträgt auch zeitweise Trockenheit.
BEMERKUNG Bildet an langen Ausläufern Kindel.

Das Futtertier wird vom Kopf her verschlungen.

Richtige Ernährung

Wann und wie oft füttern

FÜTTERUNGSFREQUENZ Wenn ein Pfleger seine Schlangen gut kennt, merkt er an dem Verhalten der Tiere meist selbst, wann Zeit zum Füttern ist. Hungrige Schlangen sind wesentlich aktiver als satte Tiere. Als grobe Faustregeln können folgende Angaben verwendet werden: Erwachsene großwüchsige Riesenschlangen sollten alle 3–4 Wochen gefüttert werden. Die meisten erwachsenen Nattern sollten am besten alle 8–14 Tage Futter erhalten. Kleine Nattern wie Strumpfbandnattern, die zudem noch leicht verdaulichen Fisch fressen, sollten etwa zwei Mal pro Woche gefüttert werden. Die meisten Jungschlangen können im Wochenabstand ihr Futter erhalten. Futtertiere, die innerhalb einer Stunde nicht gefressen werden, sind wieder aus dem Terrarium zu entfernen.

FUTTERMENGE Je nach Größe der verfügbaren Futtertiere können pro Fütterung 1–3 Stück gegeben werden. Insbesondere bei Jungschlangen, jedoch auch bei mehr oder weniger ausgewachsenen Schlangen, sollten die Futtertiere auf keinen Fall zu groß gewählt werden, da es sonst leicht zum Erbrechen kommen kann, im schlimmsten Fall sogar zu einem tödlich verlaufenden Magendurchbruch. Es ist darauf zu achten, dass die Schlangen nicht verfetten, da sich das negativ auf die Fortpflanzung und die Vitalität der Tiere auswirken kann.

NACHT- UND TAGAKTIVITÄT Wichtig ist auch der richtige Zeitpunkt der Fütterung. Tagaktive Schlangen, z.B. Strumpfbandnattern, sollten auf jeden Fall tagsüber gefüttert werden. Der überwiegende Teil der Schlangen ist jedoch dämmerungs- oder nachtaktiv und sollte dementsprechend abends nach Erlöschen des Lichtes gefüttert werden.

Nach Beendigung des Schlingaktes wird der Unterkiefer wieder in die normale Position eingehakt.

Tote oder lebende Futtertiere?

Die Verfütterung lebender Beutetiere ist auf jeden Fall die artgerechtere Fütterungsmethode bei Schlangen, da sie hierbei ihr Jagdverhalten und die damit einhergehenden Verhaltensweisen ausleben können. Außerdem wird die Schlange mit allen lebensnotwendigen Nährstoffen und Vitaminen ausreichend versorgt. Totfütterung kann mittels frisch abgetöter und noch warmer Futtertiere erfolgen oder nach dem Auftauen gefrosteter Tiere. Viele Schlangenhalter stellen ihre Tier jedoch auf Totfütterung um, da dies auch viele praktische Vorteile hat: Die Futtertiere können eingefroren gut bevorratet werden. Es gibt keine Geruchsbelästigung, wie sie von vielen lebenden Nagern ausgeht. Auch besteht keine Gefahr der Verletzung der Schlange durch aggressive Futtertiere und eine bequeme Verabreichung von Vitaminen beziehungsweise. Medikamenten über das Futtertier ist möglich.

UMSTELLUNG AUF TOTE FUTTERTIERE Wenn eine Schlange, die bisher mit lebenden Beutetieren gefüttert wurde, umgestellt werden soll, kann dies folgendermaßen erfolgen: Man nimmt ein ganz frisch abgetötetes, noch warmes Futtertier und bewegt dieses mittels einer langen Futterpinzette (nicht mit der Hand, man riskiert sonst empfindliche Bisse!) vor dem Kopf der Schlange langsam hin und her. Eine gut ans Futter gehende Schlange wird das Beutetier sofort ergreifen. Wenn die Fütterung zwei- bis dreimal auf diese Weise durchgeführt worden ist, kann man es auch mit aufgetauten Futtertieren versuchen, die allerdings leicht angewärmt sein müssen.

Einzeln füttern

Befindet sich nur eine Schlange im Terrarium, kann das Futtertier direkt ins Terrarium gegeben werden. Befinden sich jedoch zwei oder mehr Schlangen im Terrarium, sollten die Tiere zur Fütterung getrennt werden, um Beißereien zu vermeiden. Bei unbeobachteter Fütterung von zwei Schlangen in einem Terrarium kann es leicht zu Verletzungen oder auch Todesfällen kommen. So könnte es geschehen, dass ein Tier, das schon mit dem Schlingakt fertig ist, ein noch aus dem Maul

Eine Gartenboa (*Corallus hortulanus*) **verschlingt ein Eintagsküken.**

der anderen Schlange herausschauende Beutetiere ergreift und die Schlange gleich mit abschluckt. Sollte es doch einmal passieren, dass sich zwei Schlangen ineinander verbeißen, sollten die Tiere nicht per Hand voneinander gelöst werden, da dies zu Verletzungen im Maulbereich und der Haut der beteiligten Schlangen kommen kann. Stattdessen sollte ein Eimer mit kaltem Wasser bereitgestellt werden, in den die zwei ineinander verbissenen Tiere hineingegeben werden. In der Regel lösen die Tiere dann innerhalb weniger Sekunden bis Minuten den Biss und lassen voneinander ab.

Ruhe ist nötig

Wird die Schlange während des Schlingaktes gestört, würgt sie das Futtertier meistens wieder aus, da sie in dieser Situation weder schnell fliehen noch sich verteidigen kann und somit eventuellen Angreifern ungeschützt ausgesetzt ist. Nach der Fütterung sollte die Schlange auf jeden Fall einige Tage völlig in Ruhe gelassen werden und nicht aus dem Terrarium genommen werden. Auch größere Säuberungsaktionen und Transporte sind zu unterlassen. Ansonsten besteht die Gefahr, dass das Tier seine Nahrung wieder erbricht. Sollte es dennoch zum Erbrechen der Nahrung einige Tage nach Nahrungsaufnahme kommen, könnte dies auch durch zu niedrige Temperaturen bedingt sein, da die Verdauungsenzyme nicht optimal arbeiten können. Dadurch geht das Futtertier in die Verwesung über, bevor es komplett verdaut ist. Stimmen jedoch die Haltungsbedingungen und die Schlange erbricht trotzdem, kann dies auch krankheitsbedingt ausgelöst sein (◉ Kapitel Krankheiten, S.76).

Futtertiere

Nager

Für Schlangen im Terrarium kommen vorwiegend Nager wie Mäuse und Ratten als Futtertiere in Betracht. Man kann diese Tiere lebend oder gefroren im Zoofachgeschäft oder speziellen Futtertierzuchten erwerben, was bei der Haltung von nur einer oder weniger Schlangen vorteilhaft ist. Bei einigen Futtertierzuchten und Zoofachhandlungen ist es möglich, ein Futtertierabo abzuschließen, sodass regelmäßig, z.B. einmal pro Woche,

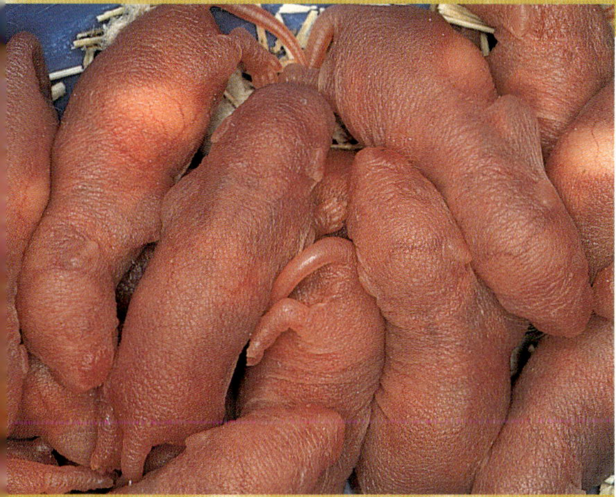

Babymäuse sind ein ideales Futter für Jungschlangen und sehr kleine Schlangen.

INFO

Aggressive Futtertiere
Was vielen Schlangenhaltern nicht bekannt ist: Auch Futtertiere, insbesondere Ratten und Vielzitzenmäuse, können Schlangen lebensbedrohliche Verletzungen zufügen. Dementsprechend sollte man, wenn man die Schlange nach dem Einsetzen des Futtertieres nicht permanent beobachtet, unbedingt auch Futter für das Futtertier in das Terrarium geben. Besser ist natürlich die Fütterung durch tote Tiere.

eine bestimmte Anzahl an Futtertieren geliefert wird. Bei einem größeren Schlangenbestand kann es durchaus sinnvoll sein, die Futtertiere selber zu züchten. Dies erfordert jedoch zusätzliche Zeit und vor allem einen separaten Raum, da mit einer erheblichen Geruchsbelästigung zu rechnen ist, sodass eine Zucht in der Wohnung in der Regel ausscheidet. Falls Sie Futtertiere selber züchten wollen, sollten Sie sich entsprechende Literatur zu diesem Thema zulegen. Von einer Verfütterung von in Fallen gefangenen wilden Mäusen und Ratten sollten Sie unbedingt absehen, da diese Tiere sehr häufig Überträger von Krankheiten sind und Sie Ihre eigene Gesundheit sowie die Ihrer Schlange aufs Spiel setzen. Als Futtertiere werden von einigen Haltern Vielzitzenmäuse, Gerbils (Mongolische Wüstenrennmäuse) oder Hamster verwendet, die den Vorteil haben, weniger Geruch zu produzieren, allerdings meistens nicht so produktiv wie Mäuse und Ratten sind. Für ausgewachsene größere Schlangen sind auch größere Futtertiere erforderlich, sodass Kontakte zu Kaninchen- oder Hühnerzüchtern geknüpft werden müssen. Manche Schlangen, insbesondere Königspythons, verweigern Mäuse und Ratten (evtl. wegen des starken Geruchs) und nehmen nur Rennmäuse (Gerbils). Manchmal kann auch eine Prägung auf eine bestimmte Farbe bei Futtertieren vorliegen, sodass beispielsweise braune Mäuse zwar genommen werden, weiße jedoch nicht. Gerade bei Nagern aus Zoogeschäften oder Futtertierzuchten ist es wichtig, dass die Futtertiere mehrere Wochen vor dem Verfüttern nicht mit Milbenmitteln behandelt worden sind. Solchermaßen behandelte Futtertiere können innerhalb weniger Stunden nach Verzehr zum Tod einer Schlange führen.

Eintagsküken

Für viele mittelgroße Schlangen eignen sich Eintagsküken hervorragend als Futter. Eintagsküken können abgetötet direkt von Brütereien oder über den Zoofachhandel bezogen werden. Falls man nur kleine Mengen benötigt, kann es auch sinnvoll sein, sich an den örtlichen Rassekatzenverein zu wenden, da einige Züchter dieses Futter auch für ihre Katzen verwenden.

Fische
Fisch fressenden Schlangen wie z.B. Strumpfbandnattern können entweder kleine Fische, wie z.B. Guppies, kleine Goldfische oder kleine Weißfische, lebend im Wasserteil oder tot in einer Futterschale angeboten werden. Kleine Fische können von einem Gartenteichbesitzer, aus einem Angelsportgeschäft, von Anglern (Köderfische) oder aus einer Fischzucht bezogen werden. Guppies können in einem Aquarium auch gut selbst gezüchtet werden. Auf keinen Fall sollte man kranke Fische verfüttern, da einige Krankheitserreger durchaus auf die Schlangen übertragen werden können und solche Futtertiere zudem keine vollwertige Nahrung darstellen. Im Zoohandel sind gefrorene kleine Fische (Stinte) erhältlich, die aber aus dem Salzwasser stammen und bei häufiger Fütterung manchmal zu Vergiftungserscheinungen führen können. Auch die Verfütterung von Fischstückchen, z.B. von Forellen, ist möglich. Je kleiner die Stückchen sind, umso weniger wird es bei der gleichzeitigen Fütterung von zwei oder mehr Strumpfbandnattern in einem Terrarium zu Beißereien kommen. Bei toten Fischen oder Fischfleisch muss unbedingt ein Vitaminpräparat mit einem Vitamin B-Komplex zugesetzt werden. Fischfleisch enthält das Enzym Thiaminaset, welches Vitamin B12 zerstört und bei den Schlangen zu zentralnervösen Störungen, d.h. unkoordinierten Bewegungen und Zitterkrämpfen, führen kann.

Insekten
Für Grasnattern sind verschiedene Insekten wie z.B. Heimchen, Grillen und Heuschrecken erforderlich. Diese Futtertiere können im Zoofachhandel erworben werden oder auch selbst gezüchtet werden. Bei dem Selbstfang von „Wiesenplankton" mittels Netzen muss beachtet werden, dass einige Insekten unter Naturschutz stehen und man sich außerdem unerwünschte Mitbewohner ins Terrarium einschleppen kann.

Regenwürmer
Regenwürmer, die zum Beispiel von den meisten Strumpfbandnattern gerne genommen werden, können von Gartenbesitzern problemlos selbst gesammelt werden. Außerdem können Regenwürmer über Gartencenter, Angelsportgeschäfte oder Futtertierzuchten bezogen werden.

Vitamingaben

Die Futtertiere sollten vor dem Verfüttern unbedingt einen gut gefüllten Magen-Darm-Trakt aufweisen, da damit der Schlange auch die dringend benötigten pflanzliche Stoffe und Vitamine zugeführt werden. Ansonsten ist bei der Verfütterung lebender oder ganz frisch abgetöteter Beutetiere kein Vitaminzusatz nötig. Bei der Verfütterung von aufgetauten Futtertieren sollte bei etwa jeder 3. bis 4. Fütterung ein Vitaminpräparat gegeben werden. Dazu kann z.B. etwas von dem auch bei anderen Reptilien bewährten Präparat Korvimin ZVT dem Futtertier ins Fell gestäubt werden. Bei empfindlichen Schlangen kann es passieren, dass sie dann das Futtertier nicht annehmen, sodass ein Vitaminpräparat in das tote Beutetier injiziert werden muss. Vitamine sollten aber auf keine Fall überdosiert werden, insbesondere die fettlöslichen wie Vitamin A und D, da damit auch massive Schäden bei Schlangen verursacht werden können.

Frisches Trinkwasser muss immer in ausreichender Menge vorhanden sein.

Wasserversorgung

Selbstverständlich muss stets frisches Trinkwasser in einer Schale zur Verfügung stehen. Der Behälter muss dabei so groß sein, dass das Tier bei Bedarf auch darin baden kann. Viele Schlangen besitzen die Angewohnheit, in das Wassergefäß hinein zu koten. Das Wassergefäß muss dann natürlich sofort gründlich gesäubert, am besten auch desinfiziert und mit frischem Wasser befüllt werden. Manche Schlangen, vor allem Baum bewohnende, nehmen Wasser nicht aus Trinkschalen auf, sondern lecken Wassertropfen von Pflanzen oder Einrichtungsgegenständen ab, um ihren Wasserbedarf zu decken. In diesem Fall muss das Terrarium täglich gesprüht werden. Zu geringe Wasserzufuhr kann Erkrankungen der Nieren sowie Verstopfungen nach sich ziehen, sodass auf eine genügende Wasseraufnahme durch die Tiere geachtet werden sollte.

CHECKLISTE

Wenn die Schlange nicht fressen will

Die meisten gesunden und eingewöhnten Schlangen nehmen ein Futtertier innerhalb weniger Minuten an. Bei neu hinzugekommenen Schlangen kann in den ersten Wochen die Futteraufnahme etwas zögerlich sein. Eine Futterverweigerung bei Schlangen muss nicht gleich durch eine Krankheit bedingt sein, sondern kann auch physiologische Gründe haben:

- Der Fütterungsabstand ist zu kurz und die Schlange ist noch satt.
- Es wird zur falschen Tageszeit gefüttert.
- Die Temperatur im Terrarium ist zu niedrig, die Schlange befindet sich nicht auf „Betriebstemperatur“.
- Die Schlange befindet sich in Häutung, erkenntlich an der trübern Färbung der Haut und der Augen.
- Es handelt sich um ein Weibchen und die Schlange ist trächtig.
- Es handelt sich um ein Männchen und es herrscht gerade Paarungszeit.
- Die Schlange ist auf eine bestimmte Art von Futtertieren fixiert (z.B. Gerbils) und verweigert allen anderen Futtertiere.
- Die Größe und die Farbe des Futtertieres stimmen nicht.

THEMA

PFLEGE UND GESUNDHEIT

Pflege des Terrariums

KOT ENTFERNEN Eine hygienische Haltung trägt wesentlich zur Gesunderhaltung bei. Da Schlangen nicht täglich, sondern nur in größeren Abständen fressen, koten sie auch nur in größeren Abständen. Daher muss das Terrarium zwar täglich kontrolliert werden, Säuberungsarbeiten sind jedoch nur nach Bedarf erforderlich. Kot und der Urin sollten sofort aus dem Terrarium entfernt werden.
TÄGLICHE KONTROLLEN Die Kontrolle, ob Instrumente wie Zeitschaltuhr, Thermostat, Heizvorrichtungen und Licht funktionieren, muss täglich erfolgen. Auch die Schlangen müssen täglich beobachtet werden, damit Krankheiten rechtzeitig erkannt werden.
TRINKWASSER Das Trinkwasser sollte ein bis zwei Mal pro Woche erneuert werden. Wenn die Schlangen in das Wasserbecken hineingekotet haben, sollte es sofort gereinigt und desinfiziert oder mit kochendem Wasser ausgespült werden.
KOMPLETTREINIGUNG Eine komplette Reinigung des Terrariums sollte je nach Tierbesatz und Fütterungshäufigkeit alle 1–3 Monate erfolgen, wobei hier das Bodensubstrat vollständig auszuwechseln ist. Die Einrichtungsgegenstände sollten gründlich gesäubert werden. Die Scheiben sollten mittels Essigreiniger von Kalkresten, die aus dem Sprühwasser stammen, nach Bedarf gereinigt werden. Ist ein Tier verendet, muss das Terrarium mit allen Einrichtungsgegenständen gründlich gereinigt und desinfiziert werden, um eine eventuelle Übertragung von Krankheitserregern auf neue Terrarienbewohner zu verhindern. Falls Reinigungs- und/oder Desinfektionsmittel benutzt werden, muss sehr sorgfältig mit klarem Wasser nachgespült werden, um Schädigungen bei Schlangen durch Reste dieser Mittel vorzubeugen.

Tägliche Kontrollen des Terrarium und der Schlangen helfen, Krankheiten frühzeitig zu erkennen.

BUCH FÜHREN Ferner sollte insbesondere bei der Haltung mehrerer Schlangen Buch geführt werden, worin z.B. die Daten von Futteraufnahme, Kotabsatz, Häutung, Eiablage etc. dokumentiert werden. Im Falle einer Erkrankung kann somit dem Tierarzt ein lückenloser Vorbericht an die Hand gegeben werden, was die Diagnose sehr erleichtern kann. Bei artengeschützten Spezies verlangen die meisten Behörden ein Bestandsbuch, in welches Zu- und Abgänge von Tieren genau aufgeführt werden.

INFO

Schlange entwichen?
Schlangen sind Ausbruchskünstler! Jede nicht vollständig verschlossene Frontscheibe oder jeder Spalt im Terrarium wird zur Flucht genutzt. Jungschlangen kleinerer Arten können sich zwischen den Frontscheiben der handelsüblichen Glasterrarien durchzwängen. Aber auch Spalten um Öffnungen für Kabel können Schwachpunkte sein. Das Auffinden verschwundener Exemplare ist nur bei größeren Schlangen relativ einfach. Jungschlangen werden meistens nur durch Zufall wieder gefunden. Es gibt aber ein paar Tricks, die Tiere schneller wieder einzufangen:

- Betreten Sie mitten in der Nacht das Zimmer und schalten sie plötzlich das Licht an. Wenn die Tiere Hunger haben, sind sie speziell nachts unterwegs, verbergen sich jedoch tagsüber in einem Versteck.
- Stellen Sie eine lebende Maus in einem kleinen Plastikterrarium mitten in das Zimmer. Falls die Schlange Hunger hat, hat man speziell nachts gute Chancen, sie in der Nähe des Behälters mit dem Futtertier zu finden.
- Legen Sie eine Heizmatte mit einem Handtuch darüber auf den Fußboden. Falls es im restlichen Zimmer kühler ist, nehmen viele Schlangen den warmen Platz gerne an.

Urlaubsversorgung

Schon bevor man sich eine Schlange anschafft, sollte die Frage der Urlaubsvertretung geklärt sein. Da die meisten Menschen Ekel vor Schlangen empfinden, kann oft nicht auf Familienmitglieder oder Nachbarn zurückgegriffen werden, die vielleicht bisher während der Abwesenheit auch die Blumen gegossen oder andere Haustiere versorgt haben. In diesem Fall ist es von Vorteil, sich an den örtlichen Terrarienverein zu wenden, um dort eine Urlaubsvertretung, die vielleicht auf Gegenseitigkeit beruht, zu finden.

Überwinterung

Schlangen aus gemäßigten und subtropischen Zonen benötigen eine Winterruhe, falls Sie mit den Tieren züchten wollen. Bei niedrigen Temperaturen reduziert sich der Stoffwechsel auf ein Minimum, sodass kaum Energie verbraucht wird und während dieser Zeit auch keine Futteraufnahme erforderlich ist. Schlangen aus den Tropen benötigen keine Winterruhe, jedoch eventuell die Nachahmung von Regen- oder Trockenzeiten oder zeitweise eine deutliche Nachtabsenkung für eine Paarung. Da die Winterruhe je nach geo-

Strumpfbandnattern (*Thamnophis sirtalis*) **sollten kühl überwintert werden.**

graphischer Herkunft der Schlangenart unterschiedlich ist, können hier nur allgemeine Angaben gemacht werden. Je nördlicher eine Schlangenart vorkommt, umso länger ist die Winterruhe und umso kühlere Temperaturen sind erforderlich. Dementsprechend sind z.B. die meisten Strumpfbandnatterarten bei Temperaturen von 6–10 °C zu überwintern. Hierzu kann das Terrarium an einen kühlen, dunklen und frostsicheren Ort, z.B. Keller oder Speicher, verbracht werden oder eine spezielle Überwinterungskiste mit reichlich Laub und Moos für die Schlangen hergerichtet werden. Falls ein solch kühler Raum nicht verfügbar ist, können gerade kleinere Schlangen wie Strumpfbandnattern wie europäische Landschildkröten auch in Plastikboxen im Kühlschrank überwintert werden. Das Substrat sollte ganz leicht feucht sein, auf keinen Fall jedoch nass. Auch eine Wasserschale sollte vorhanden sein, um trinken zu ermöglichen und die Luftfeucht nicht zu sehr absinken zu lassen. Ein Thermometer darf auf keinen Fall fehlen, um stets die Temperatur überprüfen zu können. Eine Fütterung erfolgt während der Winterruhe nicht. Bereits 1–2 Wochen vor Beginn der Winterruhe sollten die Tiere kein Futter mehr erhalten, damit der Verdauungstrakt weitgehend leer ist, wenn das Tier Winterruhe hält. Kranke oder untergewichtige Tiere dürfen auf keinen Fall eine Winterruhe einlegen. Solche Tiere sind bei den normalen Temperaturen im Terrarium weiter zu pflegen. Für Schlangen, die aus wärmeren Gebieten kommen, genügt es oft, einfach nur für acht Wochen Licht und Heizung im Terrarium zu reduzieren oder auch auszuschalten. Der Übergang darf jedoch nicht abrupt erfolgen, sondern wird durch täglich verkürzte Beleuchtung und allmähliche Verringerung der Temperatur gestaltet.

Quarantäne

Eine wichtige Maßnahme, die die Einschleppung von Krankheiten verhindern hilft, ist die so genannte Quarantäne. Dies bedeutet, dass jede neu erworbene Schlange alleine in einem separaten, hygienischem Terrarium für einige Zeit untergebracht und gut beobachtet wird. Optimalerweise sollte das Quarantäneterrarium auch in einem anderen Raum als bereits vorhandene Terrarien stehen, da es nicht auszuschließen ist, dass Viren sogar über die Raumluft übertragen werden können. Das Quarantäneterrarium wird nur sehr spartanisch eingerichtet mit Zeitungspapier oder Zellstoff als Untergrund. Daneben müssen ein sterilisierbares Wassergefäß und ein Versteck, zum Beispiel aus Pappkarton, vorhanden sein. Bei kletternden Arten sollten auch einige Kletteräste vorhanden sein. Falls mehrere Terrarien zu versorgen sind, wird das Quarantäneterrarium stets als letztes versorgt und die Hände werden anschließend gründlich gewaschen und desinfiziert. Ein Neuzugang sollte mindestens acht Wochen in dem Quarantäneterrarium gehalten werden, besser länger, bevor er in das fertig eingerichtete Terrarium zu seinen gesunden Artgenossen einzieht. Wenn man gar kein Risiko eingehen möchte oder sehr wertvolle Tiere hält, sollte die Quarantäne bis zu einem Jahr ausgedehnt werden. Manche Viruserkrankung kann durchaus erst ein Jahr nach der erfolgten Infektion mit diesen Erregern ausbrechen. Während der Quarantänezeit sollten unbedingt auch mindestens zwei Kotproben des betreffenden Tieres von einem auf Reptilien spezialisierten Tierarzt oder einem einschlägigen Institut untersucht werden. Der Kot ist der braune Anteil der Ausscheidungen, der weiße Anteil besteht aus Urin, genauer gesagt aus Uraten. Der Urin kann für parasitologische Untersuchungen in der Regel nicht verwendet werden. Sollte die Kotprobe positiv sein, d.h. Parasiten nachweisbar sein, muss eine Behandlung durch den Tierarzt erfolgen. Das Tier darf selbstverständlich erst dann ins zugedachte und eingerichtete Terrarium übersiedeln, wenn es komplett parasitenfrei ist.

INFO

Futtertiere nicht „wiederverwerten“
Eine ganz wichtige Regel zur Vorbeugung von Erkrankungen besteht darin, dass ein Futtertier, das schon einmal einer anderen Schlange angeboten, aber nicht genommen worden ist, auf keinen Fall an eine andere Schlange verfüttert werden darf. An dem Fell und den Füßen des Futtertieres können Krankheitserreger haften. Das Futtertier sollte in einem separaten Käfig weiterhin gehalten werden und darf nur derselben Schlange nach ein paar Tagen noch einmal angeboten werden. Sollte die Schlange gerade aus irgendwelchen Gründen wie Häutungsphase oder zu kurzem Futterintervall das Futter verweigert haben, wird sie nun das Futtertier sicherlich annehmen. Sollte sich herausstellen, dass die Schlange krank ist, sollte das Futtertier lieber abgetötet und entsorgt werden.

Schlangen zeigen eine ausgeprägte Symptomarmut. Dies bedeutet, dass der Besitzer die Krankheit oft erst erkennt, wenn sich die Erkrankung schon in einem fortgeschrittenen Stadium befindet. Viele Krankheitssymptome lassen sich auch nur bei sorgfältiger und regelmäßiger Beobachtung der Tiere wahrnehmen. Oft sind diese Symptome zudem sehr unspezifisch, sodass allein anhand dieser keine Diagnose gestellt werden kann. Daher ist es wichtig, dass ein Schlangenhalter eventuelle Krankheitssymptome rechtzeitig erkennt, um das Tier baldmöglichst einem auf Reptilien spezialisierten Tierarzt vorzustellen. Je eher eine Therapie eingeleitet wird, umso höher sind die Erfolgsaussichten auf eine Heilung!

Ein Zeckenbefall ist bei Wildfängen nicht selten. Zecken müssen mitsamt dem Kopf entfernt werden.

Infektionskrankheiten

Außenparasiten

ZECKEN sind häufig bei frisch importierten Wildfängen zu finden. Neben dem Blutsaugen schädigen sie ihren Wirt auch durch die Übertragung von Blutparasiten. Die Zecken sollten entfernt werden, wobei darauf geachtet werden muss, dass der Kopf nicht zurückbleibt. Die Bissstelle wird danach mit Betaisodona®-Lösung desinfiziert. Es sollte kein Öl oder ähnliches auf die Zecke getropft werden, da die Zecken dann noch den infizierten Speichel in den Blutkreislauf des Wirtstieres bringen können, bevor sie absterben.

MILBEN Schlangenmilben *(Ophionyssus natricis)* und andere Milben sind nicht seltene Parasiten bei Schlangen. Schon mit bloßem Auge sind diese Milben als winzige rote oder schwarze Pünktchen auf der Schlangenhaut, speziell unter den Schuppen, zu erkennen. Besteht der Befall schon längere Zeit, kann es zu Häutungsstörungen und Hautentzündungen kommen. Eine befallene Schlange wird nicht nur durch den Blutentzug geschädigt, sondern durch die krabbelnden und stechenden Parasiten auch permanent beunruhigt, sodass selbst vorher friedliche Schlangen gereizt sind und aggressiv werden können. Ein weiteres Anzeichen, dass Milben in einem Terrarium vorhanden sind, ist der auffallend häufige oder lange Aufenthalt der Schlangen im Wassergefäß. Hausrezepte wie z.B. das Einreiben der Schlange mit Olivenöl sollten nicht angewandt werden, da dieses Vorgehen zu massiven Störungen bei der nächsten Häutung und einer erheblichen Beeinträchtigung der auch bei Schlangen vorhandenen Hautatmung führen. Auch für andere Haustiere verkaufte Milben- und Flohsprays dürfen bei Schlangen keine Anwendung finden, da sie fast alle giftig für Reptilien sind. Eine Ausnahme stellt das verschreibungspflichtige und beim Tierarzt erhältliche „Frontline Spray" dar, welches bei Reptilien gut zur Milbenbekämpfung eingesetzt werden kann. Neben der Behandlung des betroffenen Tieres selbst ist auch das Terrarium

Baumschnüffler weisen als Wildfänge häufig einen starken Parasitenbefall auf.

gründlich zu säubern und die Einrichtung auszuwechseln bzw. abzukochen, da die Milben sich auch außerhalb des Tieres aufhalten und dort ihre Eier ablegen. „Baygon Strips“ können auch zur Milbenbekämpfung eingesetzt werden. Sie werden in entsprechend kleine Teile geschnitten für 12–14 Tage so in das Terrarium gehängt, dass die Schlange nicht damit in Berührung kommen kann. In dieser Zeit darf nicht gesprüht werden, da sich sonst der Wirkstoff aus der Platte in großer Menge lösen und zu Vergiftungen führen kann. Diese Methode ist daher nur für Schlangen, die zeitweise ein trockeneres Klima vertragen, geeignet.

Innenparasiten

AMÖBEN Die unter Schlangenhaltern am meisten gefürchtete Krankheit stellt die Amöbiasis dar, da sie oft ohne deutliche vorherige Symptome auftreten kann, hoch infektiös ist und innerhalb weniger Tage ganze Schlangenbestände dahinraffen kann. Die Krankheit wird durch den Einzeller *Entamoeba invadens* verursacht. Die Einschleppung kann über eine neue Schlange oder eventuell auch befallene Futtertiere erfolgen. Auch die gemeinsame Haltung von Schildkröten und Schlangen in einem Terrarium kann zum Tod der Schlangen durch Amöbiasis führen, da Schildkröten zwar häufig Träger von Amöben sind, selbst aber nicht daran erkranken. Die Übertragung erfolgt durch Kontakt, d.h. von Tier zu Tier bzw. dessen Umgebung oder auch durch die Hände des Pflegers, wenn er bei Pflegearbeiten von einem Terrarium ins andere greift, ohne vorher die Hände zu waschen und zu desinfizieren. Die Amöben besiedeln den Darm, wo sie eine heftige Entzündung auslösen. Auch die Leber kann

Verweigern Schlangen krankheitsbedingt die Futteraufnahme, sollte die Nahrung per Zwangsfütterung zugeführt werden.

befallen sein und dann sogar Abszesse aufweisen. Klinische Symptome sind manchmal ein etwas verdickter Hinterleib, Erbrechen von Futtertieren, lang ausgestrecktes Daliegen und Apathie. Der Verlauf kann akut sein und innerhalb weniger Tage zum Tod der Schlange führen. Die Diagnose kann der Tierarzt anhand einer Kotprobe oder einer Kloakenspülung stellen. Die Behandlung erfolgt mit Metronidazol und Antibiotika, ist aber im fortgeschrittenen Stadium häufig nicht mehr erfolgreich. Falls sich noch weitere Schlangen im Bestand befinden, müssen diese sofort – auch wenn sie noch keine Symptome zeigen sollten – behandelt werden. Außerdem müssen selbstverständlich die Terrarien gründlich gesäubert und mit 5%igem Formalin desinfiziert werden (andere Desinfektionsmittel helfen nicht gegen Amöbenzysten). Einrichtungsgegenstände, die nicht abgekocht oder mit Formalin desinfiziert werden können, müssen weggeworfen werden.

FLAGELLATEN sind Einzeller, die ebenfalls den Darm, aber auch den Harntrakt befallen können. Oft sind sie nicht der alleinige Auslöser für eine Erkrankung. Eher ist es so, dass eine andere Erkrankung vorliegt und der Wirt, also die Schlange, geschwächt ist und sich dadurch diese Parasiten massenhaft vermehren und eine Darmentzündung auslösen können. Die Diagnose kann durch einen Tierarzt anhand einer Kotprobe erfolgen. Die klinischen Symptome sind oft unauffällig, es kann aber zu Apathie, Durchfall und in seltenen Fällen auch zu Erbrechen kommen. Die Behandlung erfolgt mit Metronidazol.

KOKZIDIEN Diese Einzeller parasitieren vorwiegend in der Darmwand, sodass Durchfall, der auch blutig sein kann, die Folge ist. Befallene Schlangen – meist betrifft es Boas – magern ab und zeigen in selteneren Fällen auch Erbrechen. Nachdem die Diagnose anhand einer Kotprobe gestellt ist, kann der Tierarzt diese Parasiten mit Sulfonamiden oder anderen Kokzidienmitteln behandeln.

KRYPTOSPORIDIEN Sie parasitieren in der Magenwand und lösen dort eine massive Verdickung aus. Dementsprechend können Beutetiere nicht mehr richtig verdaut werden, sodass sie 1–3 Tage nach der Futteraufnahme

Eine Blutentnahme macht die Diagnose innerer Erkrankungen möglich.

von der Schlange wieder erbrochen werden. Im fortgeschrittenen Stadium sieht man schon von außen eine Verdickung der Schlange im Magenbereich. Die Diagnose kann der Tierarzt anhand einer Magenspülung stellen. Eine sichere Behandlung gibt es leider nicht. Sulfonamide sollen in Einzelfällen schon geholfen haben. Im Frühstadium helfen oft schon eine stressfreie Haltung der Schlange allein in einem Terrarium und die Verfütterung von relativ kleinen Futtertieren. Ein solches Tier bleibt aber lebenslang Ausscheider und kann somit andere Tiere infizieren.

Würmer

Es gibt sehr viele verschiedene Wurmarten, die bei Schlangen vorkommen können. Die Symptome können von klinisch unauffällig bis hin zu Durchfall, Abmagerung, Erbrechen oder auch Lungenentzündung reichen. Die Diagnose kann durch eine Kotuntersuchung bzw. eine Lungenspülung bei Lungenwürmern durch den Tierarzt gestellt werden. Die Bekämpfung erfolgt mit in der Tiermedizin gebräuchlichen Mitteln, den so genannten Anthelmintika, wobei aber die einzelnen Wurmmittel nur jeweils gegen eine bestimmte Wurmart helfen.

FADENWÜRMER (Nematoden) Diese sicherlich bei Schlangen am häufigsten vorkommenden Würmer parasitieren primär im Darm. Manche Arten besiedeln jedoch auch die Körperhöhle oder innere Organe wie z.B. die Lunge. Da kein Zwischenwirt erforderlich ist, kann eine Übertragung direkt durch die Aufnahme von Wurmeiern erfolgen. Ein Befall ist normalerweise mit bloßem Auge nicht erkennbar, sondern nur durch den Nachweis der Eier im Kot durch eine mikroskopische Untersuchung. Erst nach einer Entwurmung sieht man eventuell die abgehenden Würmer mit bloßem Auge. Eine Entwurmung kann bei Schlangen durch verschiedene verschreibungspflichtige Medikamente mittels Magensonde erfolgen. Auch die Injektion verschiedener Präparate ist möglich. Einige Nematoden können auch in der Lunge parasitieren, z.B. Rhabdias-Arten. Der Nachweis kann auch hier durch eine Kotprobe geführt werden, da die Eier über die Luftröhre in die Maulhöhle gelangen, abgeschluckt werden, den Verdauungstrakt des Wirtes passieren und mit dem Kot in das Freie gelangen. Die Eier können aber auch durch Abstriche von Schleim aus dem Maul oder über eine Lungenlavage nachgewiesen werden. Bei einem Rhabdias-Befall muss die Entwurmung per Injektion erfolgen.

ZUNGENWÜRMER (Pentastomiden) parasitieren in der Maulhöhle und/oder der Lunge von Schlangen. Die bis zu 15 cm großen Parasiten schädigen ihre Wirte durch die Bohrgänge der wandernden Larven und die Verletzungen im Lungengewebe. Durch Sekundärinfektionen sind Lungenentzündungen mit tödlichem Ausgang möglich. Zungenwürmer sind nach eigenen Erfahrungen regelmäßig bei Wildfängen von Schlangen aus Asien nachweisbar. Pentastomiden benötigen in der Regel ebenfalls einen Zwischenwirt und kommen deshalb auch nur bei Reptilienwildfängen vor. Wildnagetiere fungieren als Zwischenwirt, jedoch konnten bei Reptilien auch schon direkte Infektionen und Reinfektionen beobachtet werden. Die Behandlung ist schwierig, da durch die absterbenden Würmer meist eine schwerwiegende Lungenentzündung mit nicht selten tödlicher Folge hervorgerufen wird. In Einzelfällen, vor allem bei großen Schlangen, können die Parasiten mittels Endoskop oder chirurgisch entfernt werden. Durch die von Reptilien ausgeschiedenen Eier können auch Menschen infiziert werden, die dann als Zwischenwirt dienen (◉ S.90).

BANDWÜRMER (Cestoden) kommen nur bei Wildfangtieren vor, da sie einen Zyklus durchlaufen, der 2 Wirte benötigt. Dieser Zyklus kann normalerweise nur in der Natur, nicht jedoch im Terrarium geschlossen werden. Schlangen, bei denen Bandwürmer nachzuweisen sind, sind dementsprechend fast immer Wildfänge – es sei denn, an diese Tiere wurden aus der Natur entnommene Nager oder Echsen verfüttert, die häufig Träger von Bandwurmlarven sind. Daher sollten nur unter sauberen Bedingungen gezüchtete Futtertiere an Terrarientiere verfüttert werden. Einige tropische Bandwürmer stellen auch eine Gefahr für den Menschen dar. Bandwürmer können Reptilien als Larve befallen, wobei das Reptil dann den Zwischenwirt darstellt. Die Finnen (Bandwurmlarven) können unter der Haut leben, was als Sparganose bezeichnet wird. Es treten Beulen unter der Haut auf, aus denen die Larven isoliert werden können. Insbesondere bei Wildfängen aus Südostasien können diese typischen Beulen nicht selten diagnostiziert werden. Bei einem Tier mit verdächtigen Beulen sollten diese auf jeden Fall von einem Tierarzt unter Narkose geöffnet und gegebenenfalls die Larven chirurgisch entfernt werden. Die Finnen können aber auch innere Organen wie z.B. die Leber befallen. Ist das Reptil der Endwirt, sind die Bandwürmer in der Regel im Darm zu finden. Dort ernähren sie sich vom Nahrungsbrei und geben ihre Eier in den Kot ab. Die Diagnose eines Bandwurmbefalls des Darmes kann anhand der typischen Eier erfolgen, die allerdings nur unregelmäßig ausgeschieden werden. Ist das Reptil Zwischenwirt, wird ein Befall mit den Bandwurmlarven meist nur bei einer Sektion als Zufallsbefund festgestellt. Die Bekämpfung kann mit dem in der Tiermedizin üblichen Mittel gegen Bandwürmer (Praziquan-

Wildfänge können Parasiten haben, die einen Zwischenwirt benötigen. Im Terrarium wird dieser Zyklus nicht geschlossen.

tel) erfolgen, wobei manche Schlangen, insbesondere Königspythons, dieses Mittel unter Umständen nicht vertragen. Dementsprechend sollte in solchen Fällen zwischen Nutzen und möglichem Schaden abgewogen werden und falls das Tier nicht zu stark beeinträchtigt ist, von einer Behandlung abgesehen werden.

Bakterien

Bakterien sind einzellige Organismen. Eine Vielzahl von Bakterien kann bei Reptilien Erkrankungen verursachen. Diese können lokal begrenzt sein wie z.B. bei Entzündungen der Haut oder bei Abszessen, aber auch Allgemeinerkrankungen auslösen. Es können verschiedene Organe betroffen sein, z.B. Lunge, Darm oder Niere, was dann jeweils zu einer Pneumonie (Lungenentzündung), Enteritis (Darmentzündung) oder Nephritis (Nierenentzündung) führt.
Der Verlauf kann akut (also sehr schnell) bis chronisch (langsam) sein. Bei Reptilien spielen vor allem gramnegative Bakterien (solche, die sich mit der Färbung nach Gram nicht anfärben lassen) eine Rolle als Krankheitserreger. Bakterielle Infektionen können mittels Antibiotika therapiert werden. Aller-

Augenerkrankungen sind oft Anzeichen einer inneren Erkrankung. Diese Ghost-Kornnatter leidet an einer Lebererkrankung.

dings muss dies frühzeitig erfolgen, da es nichts nützt, wenn zwar die krank machenden Bakterien abgetötet werden, das betroffene Organ aber schon zu sehr geschädigt ist, um seine Funktion aufrecht erhalten zu können. Eine Infektion mit Mykobakterien ist nach eigenen Erfahrungen bei Reptilien wesentlich seltener als bei Zierfischen. Die Erreger sind bei Reptilien vor allem *Mycobacterium cheloniae, M.marinum, M. fortuitum und M. phlei.* Die Diagnose am lebenden Tier ist schwierig.Bei der Sektion können jedoch makroskopisch die typischen Granulome in inneren Organen wie Leber, Milz und Nieren festgestellt werden.

Pilze

Pilze können die Haut, aber auch innere Organe befallen. Dementsprechend wird die Infektion als Hautmykose oder als Systemmykose bezeichnet. Während Hautmykosen in der Regel mit verschiedenen Medikamenten gut in den Griff zu bekommen sind, ist die Prognose für ein Tier mit Pilzbefall der inneren Organe ungünstig. Ein Pilzbefall der Haut kann durch ein Geschabsel und Anzüchtung der Pilze im Labor nachgewiesen werden, während ein Pilzbefall innerer Organe am lebenden Tier in manchen Fällen nur durch eine Endoskopie mit gleichzeitiger Probenentnahme nachgewiesen werden kann. Lungenmykosen sieht man bei Sektionen nicht allzu selten. Sie können vor allem bei Reptilien diagnostiziert werden, die aus Habitaten mit hoher Luftfeuchte stammen. Werden diese Tiere bei zu niedriger Luftfeuchte gehalten, werden die Schleimhäute trocken und dadurch geschädigt, sodass sich Pilzsporen aus der Luft dort festsetzen können. Eine Therapie kann mit Antimykotika versucht werden. Ein Pilzbefall des Darmes wird oft durch Hefen verursacht und tritt nicht selten im Anschluss an eine Antibiotika-Therapie auf. Er kann sich in Durchfall und verändertem Aussehen des Kotes äußern. Die Diagnose ist durch eine mikroskopische Untersuchung des Kotes sowie eine Anzüchtung der Pilze aus dem Kot leicht möglich. Es sind verschiedene Bakterienpräparate zum Aufbau einer normalen Darmflora beim Tierarzt erhältlich, die über das Futter oder per Magensonde gegeben werden. In schweren Fällen kann auch ein pilzhemmendes Präparat verabreicht werden.

Viren

Viren bestehen nur aus ihrer Erbinformation (DNA oder RNA) und Protein. Sie benötigen zu ihrer Vermehrung lebende Wirtszellen. Bei Reptilien sind in den letzten Jahren einige krank machende Viren nachgewiesen worden. Es werden in nächster Zeit durch intensivere Untersuchungen und neue Untersuchungsmethoden sicherlich noch mehr Virusinfektionen bei Reptilien entdeckt. Eine Therapie gibt es bei Virusinfektionen nicht. Eine Einschleppung in den Bestand kann ausschließlich durch eine sorgfältige Quarantäne verhindert werden.

PARAMYXOVIREN befallen vor allem Riesenschlangen und Giftschlangen, aber auch andere Schlangen wie ungiftige Nattern. Klapperschlangen scheinen am empfänglichsten zu sein. Die Tiere zeigen zentralnervöse Störungen, d.h. unkoordinierte Bewegungen und Orientierungsschwierigkeiten, vermehrte Aggressivität und Krämpfe, aber zum Teil auch eine lang ausgestreckte Haltung und vermehrte Schleimbildung im Maul. Diese Krankheit ist hoch infektiös, wobei sich die Viren auch über die Luft verbreiten. Die Sterblichkeitsrate beträgt bis zu 100 %.

EINSCHLUSSKÖRPERCHENKRANKHEIT Diese Virusinfektion betrifft fast ausschließlich Riesenschlangen. Sie wird durch Retroviren verursacht. Die Symptome sind variabel und unspezifisch. Es können zuerst Häutungsprobleme, Probleme bei der Atmung, Schwellungen im Kopfbereich, Hervorwürgen von Futtertieren und vor allem bei Pythons auch zentralnervöse Störungen wie Kopfschiefhaltung, Koordinationsstörungen und Verlust des Muskeltonus auftreten. Der Übertragungsweg ist noch ungeklärt, erfolgt aber wahrscheinlich vor allem über Milben. Die Zeit von der Infektion bis zum Ausbruch der Krankheit kann bis zu 1,5 Jahre dauern. Die Diagnose am lebenden Tier ist sehr schwierig, sodass diese Krankheit meist erst bei einer Sektion festgestellt werden kann.

Nichtinfektiöse Krankheiten

Legenot

Bei weiblichen Tieren kommt es nicht selten zu Legenot, die verschiedene Ursachen haben kann: kein geeigneter Eiablageplatz, zu kühle Umgebungs- bzw. Haltungstemperaturen, zu große(s) Ei(er), deformierte Eier oder Stress durch die anderen Tiere im Terrarium oder eine neue Umgebung. Weibchen in Legenot zeigen eine hochgradige Unruhe, die nach einiger Zeit in Apathie übergeht sowie eine Umfangsvermehrung in der hinteren Körperhälfte. Zum Teil werden ein paar Eier gelegt und die restlichen Eier werden nicht mehr abgelegt, was oft auch äußerlich schon gut zu sehen ist. Bei Verdacht auf Legenot sollten unbedingt Röntgenaufnahmen von

Grün verfärbter Urin weißt auf eine Lebererkrankung hin.

Bei chronischen Krankheiten können Schlangen abmagern, obwohl sie Hungerperioden eigentlich problemlos überstehen.

dem Tier gemacht werden. Nur so kann exakt festgestellt werden, ob zu große, deformierte, übergangene oder zu stark beschalte Eier vorliegen und in welcher Position sie sich befinden. Liegt nur eine „psychisch" bedingte Legenot vor, z.B. wegen Mangels an geeigneten Eiablageplätzen oder Stress, kann oft schon eine Injektion von Wehenhormon (Oxytocin) durch den Tierarzt eine Eiablage bewirken. Eine Injektion von Oxytocin ohne vorherige Röntgenaufnahme, wie sie öfter durch Laien bei Verdacht auf Legenot erfolgt, kann sehr viel Schaden anrichten! Falls die Eier zu groß, verklebt oder stark deformiert sind, müssen sie operativ entfernt werden

Tumoren

Bei Schlangen können Tumoren verschiedenster Organe auftreten. Allerdings spielen tumoröse Erkrankungen bei Reptilien längst nicht so eine große Rolle wie bei Säugetieren. Die Ursachen für eine Tumorbildung sind manchmal Viren. Oft bleibt die Ursache jedoch unbekannt. Die meisten bei Reptilien festgestellten Tumoren kommen auch bei Säugetieren vor. Andere Tumoren, z.B. bestimmter Pigmentzellen oder Blutzellen, treten jedoch nur bei Reptilien auf, was an den bei dieser Tiergruppe einzigartigen Strukturen und Zelltypen liegt. Auch bei Reptilien können prinzipiell gutartige und bösartige Tumoren, die oft in anderen Organen Metastasen bilden, unterschieden werden. Wenn es sich um gut abgegrenzte Tumoren handelt, können sie meist erfolgreich operativ angegangen werden. Allerdings besteht immer die Gefahr der Neubildung des Tumors. Bei Tumorarten, die nicht operativ behandelt werden können, gibt es keine Heilungsmöglichkeit.

Krank durch Haltungsfehler

Verletzungen

Verletzungen können bei Schlangen vor allem durch Bisse von Futtertieren, durch andere Haustiere, insbesondere Katzen, sowie bei dem Versuch, sich durch irgendwelche engen Spalten oder zwischen den Frontscheiben durchzuquetschen, auftreten. Verletzungen sollten umgehend mit einem Desinfektionsmittel, z.B. mit Betaisodona®-Lösung desinfiziert werden, um einer Infektionen vorzubeugen. Bei größeren Wunden muss baldmöglichst ein Tierarzt aufgesucht werden, damit die Wunden gegebenenfalls genäht und das Tier antibiotisch versorgt werden kann. Bei tiefen Wunden und Bisswunden müssen stets Antibiotika eingesetzt werden, um eine Infektion mit eventuell tödlichem Ausgang zu verhindern.

Verbrennungen

Verbrennungen treten leider häufig auf. Ursache dafür können ungeschützt angebrachte Strahler sein. Wenn kein Schutzkorb um Heizstrahler oder Lichtquellen angebracht ist, sodass die Tiere direkt in Kontakt mit den Heizquellen treten können, sind fast immer Verbrennungen die Folge. Bei Reptilien verhält es sich ähnlich wie bei Kleinkindern: Bis sie merken, dass eine Verbrennung eintritt, ist es schon zu spät. Ebenfalls können Heizmatten, die im statt unter dem Terrarium angebracht sind, Verbrennungen verursachen. Auch an sich nur mild heizende Matten können bei schweren Schlangen, z.B. Boas und Pythons, allein durch den sich bildenden Hitzestau Verbrennungen verursachen. Auch Spotstrahler und UV-Lampen sind in dieser Hinsicht im wahrsten Sinne des Wortes „brandgefährlich“. Sollte es zu Verbrennungen gekommen sein, muss schnellstmöglich ein Tierarzt aufgesucht werden, da auch scheinbar geringe Verbrennungen oft tödliche Folgen für Schlangen haben. Typischerweise sterben die Tiere nicht sofort, sondern meist 1–2 Wochen später. Es müssen Antibiotika verabreicht werden, um bakterielle Infektionen zu verhindern. Auf jeden Fall sollten die Tiere über mehrere Tage hinweg Infusionen erhalten, um die Flüssigkeitsverluste auszugleichen. Eine lokale Behandlung kann mit Betaisodona®-Lösung erfolgen. Wenn die Wunden verschorfen, kann auch vorsichtig und in geringen Mengen Brandsalbe aufgetragen werden.

Eine Gartenboa mit Häutungsproblemen. Oftmals ist eine zu niedrige Luftfeuchte die Ursache.

Zu niedrige Temperatur

Bei zu tiefen Temperaturen kann ein Reptil seine „Betriebstemperatur" nicht erreichen, sodass der gesamte Stoffwechsel gestört wird. Häufig sind Verdauungsstörungen, da die körpereigenen Enzyme die Nahrung nicht aufschließen können. Auch das Immunsystem funktioniert bei zu kühlen Temperaturen nur eingeschränkt. Falls noch Zugluft dazu kommt, zum Beispiel beim Freilauf in der Wohnung, kann es leicht zu einer Infektion wie einer Lungenentzündung kommen. Liegen die Temperaturen während der Überwinterung zu niedrig, kann es zu Erfrierungen kommen. Wird die normale Überwinterungstemperatur zu stark unterschritten, treten sogar Todesfälle auf.

Falsche Luftfeuchte

ZU NIEDRIG Bei Tieren aus Habitaten mit hoher Luftfeuchte, zum Beispiel tropischen Regenwäldern, kann eine zu niedrige Luftfeuchte zu Häutungsproblemen, Lungenentzündung und Nierenerkrankungen führen. Auch Verstopfungen durch Eintrocknung der Kotmassen mit anschließendem Darm- oder Kloakenprolaps können eine Folge zu niedriger Luftfeuchte sein.

ZU HOCH Vor allem bei Strumpfbandnattern, die in sehr feuchten Terrarien oder in Aquaterrarien (also Aquarien mit Landteil) gehalten werden, kann nicht selten eine Blasenbildung der Haut, die so genannte „Blister Disease" festgestellt werden.

Eine Trübung der Augen beziehungsweise der Brille ist vor der Häutung völlig normal.

Falsche Vitaminversorgung

VITAMIN A-ÜBERDOSIERUNG Bei einem Wurf Strumpfbandnattern, bei denen die Elterntiere regelmäßig mit einem Multivitaminpräparat mit einem hohen Vitamin-A-Anteil versorgt wurden, waren bei allen Jungtieren Augenmissbildungen in Form von „Glotzaugen" festzustellen. Nachdem auf ein Vitaminpräparat ohne Vitamin A umgestellt wurde, sahen die Jungtiere der folgenden Würfe desselben Zuchtpaares vollkommen normal aus.

VITAMIN B1-MANGEL Ein Mangel an Vitamin B1 kommt vor allem bei Fisch fressenden Reptilien wie Strumpfbandnattern *(Thamnophis sp.)* und Wassernattern *(Nerodia sp.)* vor, wenn Fischfleisch ohne Vitaminzusatz verfüttert wird. Fischfleisch enthält Thiaminase, ein Enzym, das Thiamin (Vitamin B1) zersetzt. Die Symptome zeigen sich in unkoordinierten Bewegungen, Krämpfen und Futterverweigerung. In solchen Fällen muss per Injektion Vitamin B1, am besten in Form eines Vitamin B-Komplexes, verabreicht werden, was innerhalb von 3–4 Tagen zum fast völligen Verschwinden der Symptome führt. Außerdem muss bei zukünftigen Fütterungen mit Fischstückchen ein Multivitaminpräparat mit einem entsprechend hohen Vitamin-B-Gehalt über das Futter gegeben werden (zum Beispiel Korvimin ZVT) oder die Fütterung auf lebende Fische umgestellt werden. Helfen Vitamin B-Injektionen allerdings nicht, liegt die Ursache wahrscheinlich in einer infektiösen Erkrankung des Gehirns – in diesem Fall ist die Prognose schlecht.

VITAMIN C-MANGEL ist bisher fast nur bei Königspythons bekannt geworden. Er äußert sich in einer dünnen, glanzlosen und leicht einreißenden Haut. Die Ursache liegt wahrscheinlich bei Futtertieren, die in ihrem Magen-Darm-Trakt nicht genügend pflanzliche Nahrung enthalten. Abhilfe kann durch Vitamin C-Injektionen oder Eingabe von in Wasser aufgelöstem Vitamin C per Magensonde durch den Tierarzt geschaffen werden.

Bei zukünftigen Fütterungen sollte immer darauf geachtet werden, dass ausschließlich Futtertiere mit einem gut gefüllten Magen-Darm-Trakt verwendet werden.

VITAMIN D- UND KALZIUM-ÜBERDOSIERUNG
Bei Überdosierung von Vitamin D und Kalziumpräparaten kann es bei Schlangen zu Veränderungen im Knochenskelett wie z.B. Wirbelsäulenveränderungen kommen.

Vergiftungen

Die Symptome bei Vergiftungen sind je nach Auslöser sehr unterschiedlich und können von Krämpfen, Erbrechen, Lähmungen bis hin zum schnellen Verenden reichen. Vergiftungen werden bei Reptilien relativ häufig durch Milbenmittel verursacht. Viele für Hunde, Katzen und Vögel verträgliche Mittel können bei Reptilien Vergiftungserscheinungen mit Todesfolge auslösen. Auch eine falsche Dosierung, falsche oder abgelaufene Medikamente können Vergiftungserscheinungen auslösen. Bekannt sind Vergiftungserscheinungen bei falscher Anwendung von z.B. Gentamycin, Polymyxin B, Sulfonamiden und Metronidazol. Auch nach Verwendung von Desinfektionsmitteln vor allem auf Phenol- oder Lysolbasis muss das Terrarium gut nachgespült und gelüftet werden, um einer Vergiftung vorzubeugen. Farben und Lösungsmittel sollten in einem Raum, in dem ein Terrarium steht oder gar am Terrarium selbst nur angewendet werden, wenn sie gesundheitlich unbedenklich sind. Auch Rückstände von Pflanzen- und Holzschutzmitteln sowie Insektiziden z.B. im Bodengrund können Schlangen gefährlich werden. Bei Verdacht auf eine Vergiftung ist es sehr wichtig, dem Tierarzt den Beipackzettel oder die vermuteten Substanzen mitzubringen.

Eine doppelte Kopfbildung ist eine bei Schlangen immer wieder einmal auftretende Missbildung.

Oft kann eine Vergiftung nur symptomatisch behandelt werden. Für einige Substanzen gibt es aber auch spezielle Gegenmittel, die dann verabreicht werden können. Durch Infusionen kann der Kreislauf stabilisiert und die Ausscheidung des Giftes gegebenenfalls beschleunigt werden.

Missbildungen

Manche Missbildungen sind kaum wahrnehmbar, beeinträchtigen die Tiere nicht und sind als Schönheitsfehler zu werten. Andere Missbildungen können so stark ausgeprägt sein, dass Schlüpflinge damit nicht leben können und noch im Ei oder kurz nach dem Schlupf verenden. Es ist bekannt, dass Deformationen der Wirbelsäule z.B. durch stark schwankende Temperaturen bei der Bebrütung von Schlangeneiern verursacht werden. Manche Missbildungen jedoch sind nicht auf Umwelteinflüsse zurückzuführen, sondern gehen auf genetische Ursachen zurück.

Die Euthanasie eines Tieres darf nur erfolgen, wenn es an einer nicht mehr therapierbaren chronischen Krankheit leidet.

Euthanasie

Wenn der Tierarzt das Leben des Tieres nicht mehr retten kann oder im Falle einer nicht mehr therapierbaren chronischen Krankheit, die mit einem Leiden der Tiere verbunden ist, sollte das Tier erlöst und eingeschläfert werden. Mit einer Überdosis Narkosemittel werden Reptilien tierschutzgerecht getötet. Hingegen ist das manchmal praktizierte und immer wieder empfohlene Einfrieren nicht im Geringsten tierschutzgerecht! Das Tier verendet qualvoll über einen längeren Zeitraum! Schmerzempfindung und Bewusstsein sind bei niedrigen Temperaturen noch komplett vorhanden, wenn auch die Reizleitung verlangsamt ist. Wenn ein Tier zu groß oder zu ungebärdig geworden ist oder einfach nur lästig wird, darf es nicht einfach getötet werden. Zu groß gewordene Riesenschlangen sind kaum mehr zu vermitteln und auch Zoos können solche Tiere nicht mehr unterbringen. Daher muss man sich über die Endgröße der Tiere, die angeschafft werden sollen, vorher genau informieren, um unliebsame Überraschungen zu vermeiden.

Zoonosen

Es ist relativ wenig bekannt, dass auch Krankheiten existieren, die von Schlangen auf den Menschen übertragbar sind. Diese bezeichnet man als Zoonosen. Allerdings sind es insgesamt weit weniger Erkrankungen als wir sie uns z.B. von Hund, Katze oder Nutztieren holen können. Zoonosen müssen durch einen Arzt therapiert werden.

Parasiten und Bakterien

SCHLANGENMILBEN können auch Menschen befallen und eine Reizung der Haut und eitrige Pusteln hervorrufen. In der Regel heilen die Veränderungen aber von selbst wieder ab. Es sollten schon beim Auftreten einzelner Milben sofort Gegenmaßnahmen ergriffen werden, ◉ S.76.

BANDWÜRMER Eine Infektion durch Bandwürmer kommt in der Regel nur außerhalb Europas vor, da die durch den Kontakt mit oder Verzehr von befallenem Fisch-, Frosch- und Schlangenfleisch oder verunreinigtem Trinkwasser erfolgt. Der Mensch zeigt (Unter-) Hautschwellungen und Abszesse. Auch innere Organe und die Augenhöhlen können mit Parasitenlarven und daraus resultierenden Granulomen befallen werden.

ZUNGENWÜRMER Eine Infektion ist durch den Kontakt mit dem Kot befallener Reptilien möglich. Beim Menschen als Zwischenwirt können bei stärkerem Befall Schäden in den befallenen Organen (Leber, Milz, Niere, Lunge, seltener Gallengänge, vordere Augenkammer und Gehirn) wie z.B. Zysten oder Abszesse, entstehen. Ist der Mensch Endwirt, siedeln sich die Parasiten im oberen Atmungstrakt an.

KRYPTOSPORIDIEN Die Infektion beim Menschen erfolgt über Aufnahme der dickwandigen Dauerstadien (sog. Oocysten). Bei gesunden Menschen verläuft die Infektion symptomlos oder nur mit leichten Magen-Darm-Beschwerden, bei immungeschwächten Personen kann sie jedoch zu einer lebensbedrohlichen Erkrankung werden, wenn Erbrechen und Durchfall nicht schnell behoben werden. Meistens sind Reptilien von Kryptosporidienarten befallen, die beim Menschen keine Krankheitssymptome hervorrufen.

SALMONELLEN Momentan sind über 2000 Salmonellen-Arten bekannt, die beim Menschen akute Magen-Darm-Infektionen hervorrufen können. Die Infektion erfolgt vor allem auf oralem Weg durch befallene Lebensmittel, seltener durch den Kontakt mit Salmonellen ausscheidenden Tieren. Der Salmonellenbefall verläuft bei den Reptilien in der Regel symptomlos, das heißt, sie sind nur Träger und Ausscheider von *Salmonella spp.* ohne selbst zu erkranken. Infektionen können erfolgen, wenn nach Reinigung des Terrariums oder Umgang mit dem Tier die Hände nicht gewaschen werden.

MYKOBAKTERIEN Eine Infektion mit Mykobakterien tritt nach eigenen Erfahrungen bei Reptilien wesentlich seltener auf als bei Zierfischen. Beim Menschen werden nach einer Infektion mit diesen atypischen Mykobakterien Hautveränderungen beobachtet, die als so genanntes Schwimmbadgranulom bezeichnet werden. Diese Hautveränderungen heilen meistens auch ohne Behandlung nach einigen Wochen wieder ab.

Gartenboas sind fast immer bissig und verlangen daher ein umsichtiges Handling.

INFO

Zoonosen vorbeugen

Mit ein paar Grundregeln kann man die Übertragung von Krankheiten vermeiden:

- Nach Kontakt mit dem Tier oder dem Terrarium stets die Hände gründlich waschen.
- Reptilien nicht in der Küche halten oder frei in der Küche herumlaufen lassen.
- Reptilien sollten nicht mit dem Mund berührt werden und sind keine Schmusetiere oder Spielzeug für Kinder!
- Regelmäßig Kotproben auf Parasiten untersuchen lassen (bei Neuzugängen noch während der Quarantäne). Bei positivem Befund Parasitenbefall therapieren.
- Falls Kleinkinder oder immungeschwächte Personen im Haushalt sind: Kotproben auch auf Salmonellen untersuchen lassen und bei positivem Befund Kontakt dieser Personen zu den Reptilien vermeiden.

Bisse

Die Heilung bei Bissen von ungiftigen Schlangen verläuft in der Regel unkompliziert, wenn die Bisswunden sofort mit einem Desinfektionsmittel versorgt werden. Wenn das Tier nicht loslässt, sollte am besten der nächste erreichbare Wasserhahn mit kaltem Wasser voll aufgedreht werden und der betroffene Köperteil samt Tier in den Wasserstrahl gehalten werden. Meist lassen die Tiere dann innerhalb weniger Sekunden los. Manchmal wird auch das Auftropfen von Alkohol auf den Maulbereich der Schlange empfohlen. Bei Giftschlangenbissen ist sofort der Notarzt und am besten auch eine Giftzentrale, die in der Regel die verfügbaren Antiseren vorrätig hält. In vielen Bundesländern ist es aber vorgeschrieben, dass der Halter das Antiserum selber bereithält.

▸ SYMPTOME	▸ ERLÄUTERUNG	▸ ABHILFE
Verändertes Verhalten		
Apathie, Zahmheit bei sonst aggressiven Tieren.	Apathie ist ein unspezifisches Syndrom, tritt bei mehreren Krankheiten auf. Mögliche Ursachen: zu kühle Umgebungstemperatur, Infektion mit Parasiten, Bakterien, Viren oder Pilzen, Stoffwechselerkrankungen, schweres Trauma, Vergiftung.	Umgebungstemperatur erhöhen falls nicht im optimalen Bereich; ansonsten baldmöglichst Tierarzt aufsuchen, bei apathischen Tieren ist die Krankheit oft fortgeschritten.
Futterverweigerung.	Normal im Endstadium der Trächtigkeit, bei Männchen während der Fortpflanzungsphase; Ruheperiode/Überwinterung, während der Häutung. Futterverweigerung tritt auf bei nicht adäquatem Futter, Stress durch andere Terrarienmitbewohner, zu kühlen Haltungs- bzw. Umgebungstemperaturen. Kann auch krankhafte Ursachen haben wie bakterielle, virale oder parasitäre Infektion; Stoffwechselerkrankung.	Anderes Futtertier anbieten, Schlange alleine halten; Haltungsbedingungen optimieren. Hält die Verweigerung an, Tierarzt aufsuchen. Schon wenige Wochen Futterverweigerung können bei sehr kleinen Schlangen lebensbedrohend sein, während bei manchen Riesenschlangen größere Abstände von mehreren Wochen zwischen den Mahlzeiten liegen können.
Desorientiertes Verhalten.	Vitamin-B-Mangel (tritt bei ausschließlicher Fütterung von Fischfleisch ohne Vitamin-B-Komplex-Zusatz auf), Erkrankung des Gehirns infolge bakterieller, viraler oder parasitärer Infektion.	Tierarzt aufsuchen.
Zittern/Krämpfe.	Vitamin-B-Mangel, Vergiftung, bakterielle oder virale Infektion.	Bei härterem Wasser evtl. Teilentsalzung.
Hochgradige Unruhe.	Normal während Paarungssaison und im Endstadium der Trächtigkeit; krankhaft bei Legenot, Vergiftungen.	Bei Verdacht auf Legenot oder Vergiftung Tierarzt aufsuchen.
Permanenter oder auffallend häufiger Aufenthalt im Wasser.	Milbenbefall, zu hohe Temperaturen, zu niedrige Luftfeuchte, Nierenerkrankung. Manchmal normal vor der Häutung.	Temperatur überprüfen und ggf. korrigieren, Luftfeuchte erhöhen, Wet-Box anbieten. Wenn das alles nicht hilft: Tierarzt aufsuchen.

SYMPTOME	ERLÄUTERUNG	ABHILFE
Veränderungen Haut und Hautanhangsgebilden		
Stumpfes Schuppenkleid.	Ekto- und Endoparasiten, Stoffwechselerkrankungen, Vitaminmangel (vor allem Vitamin A, C und H), Zinkmangel, Allgemeininfektionen mit Bakterien, Lebererkrankungen.	Kotprobe untersuchen lassen, Tierarzt aufsuchen.
Häutungsstörungen.	Gesunde Schlangen häuten sich im Ganzen. Wird die alte Haut nur in Fetzen abgestreift oder bleiben Häutungsreste zurück: zu trockene Haltung, Vitamin-A-Mangel, Milbenbefall, fehlende raue Gegenstände, Allgemeinerkrankungen.	„Wet-Box“ anbieten, Luftfeuchte erhöhen, Äste und raue Gegenstände ins Terrarium geben, Schlange auf Milben überprüfen, ggf. Tierarzt aufsuchen.
Rissige, pergamentartige Haut bei Riesenschlangen, v.a. Königspythons.	Vitamin C-Mangel, Endoparasitenbefall.	Tierarzt aufsuchen.
Kleine rote oder schwarze Punkte zwischen den Schuppen.	Milbenbefall.	Milbenspray vom Tierarzt.
Hautgeschwüre.	Virale Infektion, chronische bakterielle Infektion, durchgebrochene Abszesse.	Tierarzt aufsuchen.
Blasenbildung.	Parasiten (Sparganose), zu feuchte Haltung ("Blister Disease" bei Strumpfbandnattern), bakterielle Infektion.	Bodengrund trocken und sauber halten; UV-Licht; wenn keine Besserung, Tierarzt aufsuchen
Nässende Hautwunden.	Verbrennungen, infizierte Wunden, Pilzinfektion.	Tierarzt aufsuchen.
Borkige Krusten.	Virusinfektion, Pilzinfektion, Verbrennungen in Abheilung.	Tierarzt aufsuchen.

SYMPTOME	ERLÄUTERUNG	ABHILFE
Veränderungen am Körper		
Schwellungen unter der Haut.	Abszesse, Parasiten (Sparganose), Blutergüsse, Tumoren.	Tierarzt aufsuchen.
Deformierung der Wirbelsäule.	Verstopfung, Aufgasung, Trächtigkeit, Legenot, Tumoren, Abszesse, Darmentzündung durch Bakterien oder Amöben.	Unheilbar.
Umfangsvermehrung in der hinteren Körperhälfte.	zu hohe Stickstoffwerte, ph und Nitrat prüfen, evtl. auch zu hoher Chloriden-Gehalt.	Tierarzt aufsuchen.
Respirationstrakt		
Nasenausfluss/Bläschen vor der Nase.	Bakterielle und/oder virale Infektion, Lungenentzündung.	Tierarzt aufsuchen.
Atemgeräusche.	Lungenentzündung, Lungenwürmer, Pentastomidenbefall, „Zischen“ als Abwehrmaßnahme.	Tierarzt aufsuchen.
Atmung mit geöffnetem Maul.	Lungenentzündung (bakteriell, viral oder parasitär bedingt), Überhitzung, Deformierung des Mauls.	Tierarzt aufsuchen.
Genitaltrakt		
Legenot.	Fehlende oder ungeeignete Eiablageplätze, Stress, zu kühle Haltung, Kalziummangel, zu große oder mißgebildete Eier.	Tierarzt aufsuchen.
Hemipenisvorfall.	Hemipenisentzündung, Trauma, Ursache z. T. unbekannt.	Tierarzt aufsuchen. Vorgefallenes Gewebe mit angefeuchtetem Verband feucht halten. Es darf auf keinen Fall austrocknen!
Eileitervorfall.	Pressen bei Eiablage bzw. Legenot, Entzündung der Eileiter.	Tierarzt aufsuchen. Vorgefallenes Gewebe feucht halten.
Augen		
Augentrübung.	Sind beide Augen betroffen, liegt oft eine Allgemeinerkrankung vor. Hinter Symptomen an den Augen stecken oft schwerwiegende Erkrankungen wie bakterielle Infektionen o.A. Getrübte Augen vor der Häutung normal.	Wenn nicht durch Häutung bedingt: Tierarzt aufsuchen. Häutungsreste auf der Brille auf keinen Fall mit Pinzette oder anderen Geräten entfernen!
Rotfärbung des Auges.	Trauma, bakterielle Infektion.	Tierarzt aufsuchen.

SYMPTOME	ERLÄUTERUNG	ABHILFE
Verdauungstrakt		
Entzündungen und/oder Blutungen im Maul.	Bakterielle Infektion.	Tierarzt aufsuchen.
Eitrige Beläge im Maul.	Bakterielle Infektion.	Tierarzt aufsuchen.
Klarer oder eitriger Schleim im Maul.	Lungenentzündung (bakteriell, viral oder parasitär bedingt).	Tierarzt aufsuchen.
Auffallend starkes Trinkbedürfnis.	Tritt auf bei Nierenerkrankungen, Endstadium der Trächtigkeit, Verstopfung, zu niedrige Luftfeuchte.	Anbieten einer WET- Box, Erhöhung der Luftfeuchte. Wenn keine Besserung: Tierarzt aufsuchen.
Ausgestrecktes Liegen.	Schlange rollen sich mehr oder weniger zusammen, wenn sie ruhen. Ausgestrecktes Daliegen kann auf (Darm-) Infektionen hinweisen.	Tierarzt aufsuchen.
Erbrechen.	Wird ausgelöst von zu kühler Haltung, Stress nach der Nahrungsaufnahme, bakteriell bedingte Magenschleimhautentzündung, Fremdkörper im Magen, zu große, zu viele oder verdorbene Futtertiere, Parasitenbefall, insbesondere Spulwürmer und Kryptosporidien.	Tierarzt aufsuchen.
Durchfall.	Darmentzündung, Parasitenbefall.	Kotprobe untersuchen lassen (auf Parasiten und Bakterien), Tierarzt aufsuchen.
Fehlender Kotabsatz, Verstopfung.	Zu geringe Luftfeuchte, Wassermangel, Fremdkörper, Parasitenbefall.	Luftfeuchte erhöhen, Tier baden. Wenn keine Besserung: Tierarzt aufsuchen.
Darm- und Kloakenvorfall.	Darmentzündung durch Bakterien oder Parasitenbefall, Verstopfung, Pressen bei Eiablage bzw. Legenot, zu geringe Luftfeuchte.	Sofort Tierarzt aufsuchen.
Veränderter Kot oder Urin.	Ein verändertes Aussehen des Kotes (Farbe, Konsistenz, Geruch) kann durch Parasiten oder bakterielle Infektion des Darmes bedingt sein. Auch ein veränderter Urin ist ein Krankheitszeichen.	Tierarzt aufsuchen.

THEMA SCHLANGEN ZÜCHTEN

Für viele Halter ist die Nachzucht sozusagen das „Salz in der Suppe" der Schlangenhaltung und gleichzeitig die Bestätigung, dass ihre Schlangen artgerecht gehalten werden. Durch die Nachzucht kann inzwischen die Nachfrage nach vielen Schlangenarten befriedigt und auf den Import von Wildfängen verzichtet werden. Einige Schlangenarten vermehren sich meist ohne großes Zutun von Seiten des Besitzers, z.B. Afrikanische Hausschlangen. Bei anderen Arten hingegen müssen viel Erfahrung beim Besitzer vorhanden sein und spezielle Maßnahmen ergriffen werden, um die Tiere zur Nachzucht zu bewegen. Bei den häufig gehaltenen Kornnattern wurde dank züchterischer Bemühungen inzwischen eine unüberschaubare Anzahl an Farb- und Mustervarianten herausgezüchtet. Aber auch bei Boas, Königspythons und Königsnattern gibt es zahlreiche Farb- und Musterrassen und laufend kommen neue dazu.

Voraussetzungen

Ein Pärchen muss es sein

Neben einer artgerechten Haltung ist ein gesundes, geschlechtsreifes Schlangenpärchen die Voraussetzung zur Nachzucht.

GESCHLECHTSBESTIMMUNG Männliche und weibliche Schlangen unterscheiden sich äußerlich kaum voneinander. Eine Ausnahme stellen Horn- und Kreuzottern dar, bei denen weibliche und männliche Tiere meistens unterschiedliche Färbungen aufweisen. Vor allem bei Nattern ist das weibliche Tier im Vergleich zum männlichen oft größer und kräftiger. Eine halbwegs sichere Geschlechtsdiagnose ist jedoch bei diesem Merkmal nur bei gleich alten und unter gleichen Bedingungen aufgezogenen Nachzuchttieren oder eventuell auch bei älteren und mehr oder weniger ausgewachsenen Exemplaren möglich. Bei Riesenschlangen sind die Aftersporne bei Männchen meistens ausgeprägter als bei Weibchen. Bei männlichen Schlangen ist der Schwanz von der Kloakenöffnung bis zur Schwanzspitze relativ länger als bei weiblichen Tieren. Außerdem ist die Schwanzbasis aufgrund der ausgebildeten Hemipenes bei Männchen breiter. Dies sind aber alles relativ unsichere Merkmale. Wenn man das Geschlecht ganz genau bestimmen will, sollten die Tiere sondiert werden.

SONDIERUNG Eine Geschlechtsbestimmung per Sonde sollte ausschließlich durch einen Fachmann, z.B. einen auf Reptilien spezialisierten Tierarzt oder einen versierten Züchter, mit einer sauberen, am besten sterilen Sonde erfolgen. Dabei werden die Hemipenis-Taschen des Männchens untersucht. Passt die Sonde mindestens sieben Schuppen weit von der Kloake nach hinten, handelt es sich um ein Männchen. Passt die Sonde nur etwa drei Schuppen weit hinein, handelt es sich um ein Weibchen. Fehler können dabei auftreten, da sich die Männchen sehr stark verspannen können oder weil ein Spermapfropf vorhanden ist, sodass die Sonde nicht weit einzuführen ist und das Tier fälschlicherweise als ein Weibchen identifiziert wird. Auch geschieht es, dass bei einem Weibchen das Gewebe durchstochen und das Tier dann fälschlicherweise für ein Männchen gehalten wird. Manche männlichen Schlangen stülpen auch schon bei einer Fixierung die Hemipenes aus, sodass das Geschlecht bei diesen Tieren leicht zu erkennen ist.

RÖNTGEN UND ULTRASCHALL Weitere Möglichkeiten, das Geschlecht zu bestimmen, sind Röntgen- und Ultraschalluntersuchung.

Ein gesundes, geschlechtsreifes Pärchen ist die Grundvoraussetzung für eine gelungene Nachzucht.

Bei einigen Schlangenarten können per Röntgenaufnahme die verknöcherten Häkchen der Hemipenes nachgewiesen werden, allerdings nur bei adulten Tieren. Werden Eifollikel, beschalte Eier oder Jungtiere per Röntgenaufnahme sichtbar, ist dies ein eindeutiger Beweis für ein weibliches Tier. Bei der Ultraschalluntersuchung können ab einer gewissen Größe des adulten Tieres gegebenenfalls Hoden oder Eierstöcke, Eifollikel, beschalte Eier oder Jungtiere nachgewiesen werden.

BLUTUNTERSUCHUNGEN Sie basieren meistens auf der Bestimmung von Geschlechtshormonen und sind zwar prinzipiell möglich, aber aufwändig und teuer. Außerdem existieren kaum Referenzergebnisse, sodass eine Interpretation manchmal schwierig ist.
ENDOSKOPIE Auch die Endoskopie, die bei Echsen zur Geschlechtsbestimmung durchaus nicht selten durchgeführt wird, ist bei Schlangen aufgrund der Lage der Organe und des Aufwandes nicht üblich.

Kornnattern sind schon so weit domestiziert, dass viele Zuchtvarianten geschaffen wurden.

Körperliche Verfassung

Eine weitere Voraussetzung ist, dass die potentiellen Zuchttiere in einer guten Kondition sind. Die Größe des vorhandenen Fettkörpers ist ein wichtiger Faktor bei der Fortpflanzungsrate speziell der weiblichen Tiere. Allerdings neigen verfettete Tiere zu extrem großen Gelegen, was nicht selten mit einer Legenot endet.

Inzucht vermeiden

Von Vorteil ist es, wenn die beiden Zuchttiere nicht miteinander verwandt sind. Wenn nur in wenigen Generationen Inzucht vorliegt, scheint dies bei Schlangen bisher kaum Defekte zu verursachen. Anders sieht es jedoch aus, wenn seit vielen Generationen Inzucht betrieben wird oder die gesamte Terrarienpopulation vielleicht nur auf ein Elternpaar zurückgeht. Hier besteht eher die Möglichkeit, dass verdeckte (rezessive) Erbfehler aufeinander treffen und sich dann auch als äußerlich sichtbare Erbfehler manifestieren. Bei einer Zuchtvariante der Kornnatter, den so genannten „Blood Red", soll es infolge massiver Inzucht verstärkt zum Auftreten lebensschwacher Jungtiere kommen, wenn nicht ab und zu mit normalfarbigen Tieren „ausgekreuzt" wird.

Geschlechtsreife

Der Eintritt der Geschlechtsreife kann in Abhängigkeit von der Schlangenart, der Haltungstemperatur und der Fütterung stark variieren. Er hängt weniger vom Alter als vielmehr von der Körpergröße und -masse ab. Im Allgemeinen haben Exemplare kleinerer Schlangenarten die Geschlechtsreife erreicht, wenn sie 50–75 % der üblichen Länge ausgewachsener Tiere erreicht haben. Bei Riesenschlangen tritt die Geschlechtsreife meist schon bei einer Gesamtlänge von 30 % der möglichen Endlänge ein. Über ein altersbedingtes Ende der Geschlechtsreife ist bei Schlangen nichts bekannt; auch sehr alte Tiere vermehren sich noch regelmäßig. Während bei überdurchschnittlich hohen Temperaturen und exzessiver Fütterung manche Nat-

Königspythons bei der Paarung. Beim Schwanzumwinden werden die Kloaken gegeneinander gepresst.

Einer der beiden Hemipenes (hier ausgestülpt) wird dabei in die Kloake des Weibchens eingeführt.

ternarten schon nach einem Jahr geschlechtsreif sein können, beträgt dieser Zeitraum bei Schlangen in der freien Natur meistens mehrere Jahre. Bei fortschreitender Domestizierung einer Schlangenart nach langjähriger Vermehrung unter Terrarienbedingungen tritt die Geschlechtsreife von Generation zu Generation immer früher ein. Der Eintritt der Geschlechtsreife sollte aber nicht unbedingt mit der Zuchtreife gleichgesetzt werden, da es häufig besser ist, bei einem allzu jungen Tier noch einige Zeit mit der Nachzucht zu warten. Ansonsten kann es leicht zu Fortpflanzungsstörungen wie zum Beispiel Legenot kommen.

Die Paarung

Stimulation der Paarung

Die Paarung kann durch verschiedene Faktoren bewirkt werden. Eine wichtige Rolle spielen die Tageslichtlänge, Temperatur – vor allem Tageshöchst- und Nachttiefstwerte –, die Luftfeuchte sowie soziale Faktoren.

PERIODIZITÄT Bei vielen Schlangenarten ist eine Periodizität der Fortpflanzung vorhanden. Dies bedeutet, dass z.B. bei Arten aus gemäßigten Zonen stets in den warmen Monaten die Fortpflanzung erfolgt, während in der kalten Periode eine Winterruhe eingelegt wird. Bei Schlangen aus gemäßigten Klimata ist eine Winterruhe eine wichtige Voraussetzung, um die Paarung zu stimulieren. Niedrige Temperaturen und Dunkelheit lösen das Wachstum der Eifollikel und die Paarungsbereitschaft aus. Meistens erfolgt die Paarung direkt nach dem Erwachen aus der Winterruhe. Bei Schlangen aus subtropischen oder tropischen Zonen kann eine geringgradige Temperaturabsenkung, die Nachahmung einer Regenzeit durch Erhöhung der Luftfeuchte und tägliches Überbrausen des Terrariums eine Paarung hervorrufen. Auch bei tropischen Arten können zyklische Temperaturschwankungen notwendig für die Einleitung einer erfolgreichen Paarung sein. Bei einigen tropischen Arten scheint die Fortpflanzung jedoch nicht an eine bestimmte Jahreszeit gebunden zu sein und es kann dementsprechend das ganze Jahr über – zumindest im Terrarium – zu Paarungen bzw. Ablage von Eiern oder der Geburt von Jungschlangen kommen.

FORTPFLANZUNGSRHYTHMUS Manche Schlangenarten, wie z.B. Königspythons, pflanzen sich in der Regel nur jedes zweite

Jahr fort. Dies dürfte durch den enormen Verlust an Körpermasse, der bei manchen Schlangen bis zu 44 % des Körpergewichts pro Fortpflanzungsperiode ausmacht, bedingt sein, da die Tiere relativ lange brauchen, um sich davon zu erholen. Andererseits sind bei vielen Natternarten zumindest unter Terrarienbedingungen innerhalb einer Fortpflanzungsperiode sogar zwei Gelege im Abstand von ca. 8 Wochen zu beobachten.

MEHRERE MÄNNCHEN Um die Paarungsaktivitäten zu stimulieren, kann eine zeitweise Trennung der Geschlechter versucht werden. Bei vielen Schlangenarten hat es sich als günstig erwiesen, zwei Männchen auf ein Weibchen oder einer Gruppe von Weibchen mehrere Männchen zuzugesellen, da dann die Chancen für eine Nachzucht größer sind als bei der Vergesellschaftung eines Paares. Es kann zwar sein, dass die Männchen dann Kommentkämpfe aufführen – früher hat man diese als „Paarungstänze" interpretiert, in Wirklichkeit sind es aber „Turnierkämpfe" unter Männchen. Sie sind aber harmlos. Eine Ausnahme stellen in dieser Beziehung Männchen von Baumpythons, Teppichpythons und Hundskopfschlingern dar, die sich gegenseitig ernsthafte Verletzungen zufügen können. Daher sollte bei diesen Arten nur ein Männchen pro Terrarium gehalten werden.

DUFTSTOFFE Sehr häufig ist das Weibchen nach einer Häutung paarungsbereit und scheidet dann spezielle Duftstoffe (so genannte Pheromone) aus, die die Männchen anziehen. Das Natternhemd des Weibchens kann ruhig einige Tage im Terrarium verbleiben, da dies wahrscheinlich infolge der darin enthaltenen verbliebenen Pheromone eine stimulierende Wirkung auf die Männchen besitzt.

Ablauf der Paarung

Wenn das Weibchen paarungsbereit ist, wird es von dem oder den Männchen unablässig durch das ganze Terrarium verfolgt. Häufig kriecht das Schlangenmännchen über den Rücken des Weibchens und vollführt dort zuckende und schlängelnde Bewegungen. Danach folgt meistens das Schwanzumwinden, das dann mit einem Gegeneinander-

Während der Trächtigkeit stellen Königspython-Weibchen oftmals die Nahrungsaufnahme ein.

pressen beider Kloaken einhergeht. Bei der Paarung wird einer der beiden Hemipenes in die Kloake des Weibchens eingeführt und der Samen übertragen. Die Kopulationsdauer kann recht unterschiedlich sein und von wenigen Minuten bis zu mehreren Stunden dauern. Bei einigen Natternarten ist der so genannte Nackenbiss, bei dem das Männchen das weibliche Tier mit dem Maul in der Nackengegend erfasst und der das weibliche Tier stimulieren soll, zu beobachten. Bei Riesenschlangen wird den Aftersporen der Männchen die gleiche Funktion zugesprochen. Außerdem sollen sie das Festhalten des Weibchens erleichtern.

KÜNSTLICHE BEFRUCHTUNG Der Versuch einer künstlichen Besamung, wie sie inzwischen bei vielen Haustieren üblich ist, ist bei Riesenschlangen bisher erfolglos geblieben. Unter experimentellen Bedingungen konnten bisher nur Strumpfbandnattern nach Elektroejakulation erfolgreich besamt werden.

Trächtigkeit

Bei den meisten Schlangen kommt es frühestens eine Woche nach der Paarung zum Follikelsprung, manchmal auch noch einige Zeit später. Die Spermien werden daher bis zu einigen Wochen, bei manchen Arten und unter verschiedenen Umständen sogar noch monatelang im Eileiter gespeichert. In der Literatur sind sogar Angaben zu finden, dass weibliche Schlangen noch 4 Jahre nach der letzten festgestellten Paarung befruchtete Eier abgelegt haben, zu finden.

EIER LEGENDE SCHLANGEN Bei ihen beginnt nach der Befruchtung das Heranreifen der Eier und die Schalenbildung. Von der Anbildung der Eier bis zur Ablage vergehen in Abhängigkeit von der Temperatur und anderen Faktoren ca. 6–9 Wochen.

LEBEND GEBÄRENDE SCHLANGEN Hier erfolgt die Entwicklung der Jungtiere innerhalb des Eies, es wird also keine Plazenta ausgebildet wie bei Säugetieren. Die Jungtiere schlüpfen direkt vor oder bei der „Geburt“ aus der Eihülle.

TEMPERATURBEDÜRFNISSE Trächtige Schlangen sind meistens besonders wärmebedürftig und halten sich dann auffallend häufig unter Spotstrahlern oder an anderen besonders warmen Plätzen im Terrarium auf. Wenn die Temperaturen im Terrarium zu niedrig

sind, können Missbildungen und Farbanomalien bei den Jungschlangen auftreten. Bei manchen Arten färben sich die Weibchen während der Trächtigkeit dunkler. Durch die dunklere Färbung erfolgt eine bessere Absorption der Wärmestrahlung.

TRÄCHTIGKEITSZEICHEN Trächtige Schlangenweibchen nehmen oft über einen mehr oder weniger langen Zeitraum kein Futter zu sich. Die Futterverweigerung kann bereits wenige Tage nach der Paarung eintreten. Es sind aber auch Fälle bekannt, in denen ein trächtiges Schlangenweibchen bis kurz vor der Eiablage noch Futter angenommen hat. Ein Anzeichen für eine Trächtigkeit kann auch das Umdrehen des hinteren Körperteils in Ruhehaltung sein, sodass die Bauchschuppen sichtbar sind. Vor allem bei Riesenschlangen ist dies gegen Ende der Trächtigkeit sehr häufig zu beobachten. Im fortgeschrittenen Stadium der Trächtigkeit ist bei vielen Schlangenweibchen das Vorhandensein von Eiern bzw. Jungtieren schon augenscheinlich: das letzte Körperdrittel ist so stark geschwollen, dass die Schuppen auseinander gezogen werden und die eigentliche Haut dazwischen sichtbar wird.

TRÄCHTIGKEIT FESTSTELLEN Eine Trächtigkeit kann vom Tierarzt mittels Ultraschalluntersuchung oder in einem späteren Stadium mittels Röntgenaufnahme festgestellt werden. Während Ultraschalluntersuchungen in jeder Phase der Trächtigkeit unschädlich für Muttertier und Jungtiere sind, ist dies bei Röntgenaufnahmen umstritten. Bei schlankeren Schlangen ist es manchmal möglich, die Eier oder Jungtiere zu erfühlen, wenn man das Tier vorsichtig über die Finger gleiten lässt.

Pythons betreiben Brutpflege. Sie winden sich um das Gelege und erhöhen durch zitternde Bewegungen die Temperatur.

Auf keinen Fall sollte Druck auf den Schlangenkörper ausgeübt werden, da es ansonsten zum Platzen von Follikeln oder inneren Verletzungen bei dem Muttertier mit eventuell tödlichen Folgen kommen kann.

STRESS VERMEIDEN Trächtige Schlangen sollten insbesondere gegen Ende der Trächtigkeit keinem unnötigen Stress ausgesetzt werden, wie z. B. durch Umsetzen in ein neues Terrarium. Ansonsten kann es zum Verwerfen oder zu einer Legenot kommen.

Eiablage und Brut

Sehr viele Schlangenweibchen häuten sich fast exakt 7 Tage vor der Eiablage. Ein paar Tage vor der Eiablage können die Schlangenweibchen eine starke Unruhe zeigen und permanent im Terrarium umherkriechen.

EIABLAGEPLATZ Die meisten Schlangenweibchen bevorzugen zur Eiablage einen warmen, leicht feuchten Platz. Als Eiablageplatz eignet sich sehr gut die schon auf S.58 beschriebene Wet-Box, die von den meisten Schlangen sehr gut angenommen wird. Ein abnehmbarer Deckel erleichtert die vorsichtige Entnahme der Eier sehr. Es kann aber auch die so genannte „Gurkentopfmethode" zum Einsatz kommen. Wenn das Weibchen unruhig im Terrarium herumkriecht, wird einen Steinguttopf oder Blumentopf ca. 20 cm hoch mit feuchter Erde und darüber einer Lage Moos aufgefüllt. Der Topf muss so groß sein, dass die Schlange gut hineinpasst. Das Terrarium selbst wird in dieser Zeit relativ trocken gehalten. Für Baum bewohnende Schlangen muss ein Schlupfkasten in den Kletterästen angebracht werden, sonst kann es zu einer wahllosen Ablage der Eier aus erhöhter Position kommen. Beim Herabfallen werden die Eier beschädigt, oft kommt es zu einem Totalverlust der Eier.

GELEGEGRÖSSE Die Eiablage selbst erfolgt in einem Zuge innerhalb weniger Stunden. Kurz nach dem Austreten aus der Kloake verkleben einander sich berührende Eier. Die Anzahl der Eier variiert je nach Schlangenart, Größe, Alter und Kondition des Weibchens im Allgemeinen von 3 bis 20 Eiern. Im Durchschnitt kann man von einer Gelegegröße von 6–8 Eiern ausgehen. Den Rekord hält ein Tigerpythonweibchen, welches angeblich 107 Eier gelegt hat. Zweitgelege fallen meist deutlich kleiner aus als die Erstgelege. Allgemein fällt die Eieranzahl großer Arten höher aus als die kleiner Spezies. Außerdem dürfte auch die Fortpflanzungsfrequenz eine Rolle spielen: Sich weniger oft fortpflanzende

INFO

Legenot
Sollte das Schlangenweibchen nur einige wenige Eier ablegen, am Tag danach der Hinterleib noch etwas geschwollen aussehen und sind auch noch Verdickungen zu tasten, so dürfte es sich um eine Legenot handeln. Es ist unverzüglich ein auf Reptilien spezialisierter Tierarzt aufzusuchen, da sich ansonsten das Allgemeinbefinden des Tieres permanent verschlechtert und die Heilungsaussichten immer schlechter werden. Auf jeden Fall sollte von eigenen Versuchen, eventuell vorhandene Eier selbst heraus zu massieren, abgesehen werden, da dadurch dem Tier massive innere und eventuell tödliche Verletzungen zugefügt werden können.

Eine Schmucknatter (Elaphe helena) **bei der Eiablage. Das Gelege sollte in einem Inkubator bebrütet werden.**

Arten haben in der Regel auch eine größere Nachkommenzahl je Gelege bzw. Wurf.

BRUTPFLEGE Während die meisten Schlangen spätestens einige Stunden nach der Eiablage ihr Gelege verlassen, bleiben andere längere Zeit auf den Eiern liegen. Manche lassen sich je nach Temperament ohne weiteres vom Gelege vertreiben, andere zeigen dagegen Abwehrreaktionen, wenn man die Eier aus dem Terrarium entfernen möchte. Manchmal kann man das nun sehr ausgezehrt wirkende Muttertier mit einem Beutetier von den Eiern weglocken. Es ist vorteilhaft für eine schnelle Regeneration der Schlange, wenn sie baldmöglichst nach der Eiablage wieder Futter zu sich nimmt. Im Gegensatz zu anderen Schlangen betreiben Pythonweibchen Brutpflege. Sie wickeln sich um ihr Gelege und sind in der Lage, durch Muskelzittern die Umgebungstemperatur ein paar Grad zu erhöhen.

GEBURT VON JUNGTIEREN Bei lebend gebärenden Arten werden im Verlauf mehrerer Stunden die Jungen abgesetzt. Die Anzahl der Jungen kann von 3 bis 30 variieren. Eine Puffotter soll sogar 157 Jungtiere hervorgebracht haben. Manchmal werden bei der Geburt neben lebenden Jungtieren, die sich noch in den Eihüllen befinden können, auch tote normal entwickelte oder missgebildete Junge sowie unentwickelte Eier abgesetzt. Letztere sind vermutlich unbefruchtete Eier und werden aufgrund ihrer glasigen Beschaffenheit und bernsteinfarbenen Tönung auch als Wachseier bezeichnet. In einigen Fällen wurde beobachtet, dass Riesenschlangenweibchen sowohl unbefruchtete Eier als auch Eihüllen aufgefressen haben.

Bebrütung

Da in der Regel im Terrarium keine optimalen Inkubationsbedingungen herrschen und man natürlich möglichst alle Eier eines Geleges zum Schlupf bringen möchte, wird das Gelege am besten möglichst bald nach der Ablage entnommen. Dabei darf die Lage der Eier nicht mehr verändert werden, da eine Drehung der Eier zum Absterben der Embryos führen kann!

UNBEFRUCHTETE EIER Lebensfähige Eier sind normalerweise einheitlich groß, weiß bis cremefarben gefärbt und weisen eine elastische Schale auf. Eier, die wesentlich kleiner, gummiartig hart und/oder stumpfgelb sind, sind in der Regel unbefruchtet. Unbefruchtete Eier fallen wenige Tage nach der Eiablage ein und verschimmeln. Werden unbefruchtete Eier geöffnet, enthalten sie lediglich Dotter ohne Blutgefäße oder andere Anzeichen eines Embryos. Solche Eier sollten gleich entsorgt werden, noch bevor der Verschimmlungsprozess einsetzt, um gesunde Eier nicht zu infizieren. Falls die Eier aber zu stark miteinander verklebt sind, sollte das verschimmelte Ei lieber nicht entfernt werden. Die unversehrten Eier könnten sonst beschädigt werden.

INKUBATOR Nach der Entnahme aus dem Terrarium werden die Eier in einen Inkubator überführt. Miteinander verklebte Eier sollten auf keinen Fall getrennt werden. Als Inkubator eignen sich handelsübliche Brüter, wie z.B. der Jägerbrüter. Falls man regelmäßig nachzüchtet, lohnt sich die Anschaffung eines Brutapparates auf jeden Fall. Man kann sich auch einen Inkubator selber basteln, indem man ein altes Aquarium und einen Aquarienheizer einsetzt, um die erforderliche Temperatur und die Luftfeuchte zu erzielen. In das mit etwas Wasser gefüllte Aquarium wird der Behälter mit den Schlangeneiern gestellt. Das Ganze wird mit einer Glasplatte, die etwas schräg gestellt wird, damit das Kondenswasser ablaufen kann, abgedeckt.

EIER RICHTIG BETTEN Die Eier selbst werden in einem dicht schließenden Behälter, wie z.B. einer Plastikbox, die mit Luftlöchern versehen ist, in Brutsubstrat gebettet und in den Inkubator verbracht. Ein dicht schließender Behälter ist notwendig, da die Jungschlangen bereits kurz nach dem Schlupf schon hervorragende Ausbruchskünstler sind. Die Chancen, die Tiere außerhalb des Brüters wiederzufinden, ist bei der meist geringen Größe der Tiere schlecht. Für jedes Gelege sollte eine separate Box zur Verfügung gestellt werden. Die jeweilige Box ist mit der Abstammung der Tiere und dem Ablagedatum zu versehen, da bei mehreren Gelegen ansonsten Verwechslungen auftreten können.

**Links: So sieht ein intaktes Kornnatter-Gelege aus.
Rechts: Ein abgestorbenes Ei.**

INFO

Pythonweibchen dürfen brüten
Bei Pythonweibchen können die Eier im Terrarium belassen werden, wenn dort die Bedingungen zur Entwicklung der Eier optimal sind, also permanent eine hohe Luftfeuchte und eine Temperatur von 30–32 °C an der Stelle, wo sich die Eier befinden, gegeben ist. Pythons betreiben Brutpflege, indem sie sich um das Gelege winden, es bewachen und durch zitternde Körperbewegungen die Temperatur erhöhen. Allerdings sind die Nachzuchtergebnisse im Inkubator oft besser, als wenn man die Tiere die Eier selber ausbrüten lässt. Daher ist es sicherer, dem Weibchen die Eier wegzunehmen und im Brutapparat auszubrüten. Bei der Entnahme der Eier sollte auch bei ansonsten zahmen Pythons mit Handschuhen gearbeitet werden, da manche Schlangenweibchen ihr Gelege heftig verteidigen.

BRUTSUBSTRAT Als Brutsubstrat finden verschiedene Materialien Verwendung. Das Substrat sollte feucht, aber nicht nass sein. Ist es zu trocken, fallen die Eier mehr oder weniger ein. Falls dies bald entdeckt wird, sind die Eier durch Befeuchten des Substrates und vorsichtiges Besprühen der Eier mit temperiertem Wasser meistens noch zu retten. Während der Inkubation nimmt die Masse der Eier zu, da diese Wasser aufnehmen. Die Eier werden so in das Brutsubstrat gebettet, dass sie sich etwa zur Hälfte darin befinden. Sie sollten nicht komplett darin eingegraben werden. Als Brutsubstrat wird sicherlich am meisten das so genannte Vermiculite verwendet, aber auch Perlite, Seramis Blumenerde, Kokoserde, Moos oder Schaumstoffflocken können eingesetzt werden.

BRUTTEMPERATUREN Natterneier werden bei Temperaturen von 26–30 °C bebrütet, Riesenschlangeneier bei 30–32 °C. Die Luftfeuchte soll 80–100 % betragen. Je höher die Temperatur ist, umso kürzer ist die Brutdauer. Allerdings schlüpfen meistens kräftigere Jungschlangen, wenn die Eier bei niedrigen Temperaturen bebrütet werden. Auf keinen Fall sollten Temperaturschwankungen von mehr

Eine junge Kornnatter beim Schlüpfen.

als 2–3 °C innerhalb kurzer Zeit auftreten, da es ansonsten zu Missbildungen bei den Jungschlangen kommen kann. Am häufigsten treten in so einem Fall Wirbelsäulenverkrümmungen auf. Bei noch stärkeren Temperaturschwankungen oder auch bei zu hohen Temperaturen (über 34 °C) kann es zum Absterben der Embryos kommen.

INKUBATIONSZEIT Diese Zeitspanne von der Eiablage bis zum Schlupf der Jungschlangen variiert je nach Schlangenart und Bebrütungstemperatur zwischen etwa 55 und 100 Tagen. Bei den meisten Nattern beträgt sie zwischen 55 und 70 Tagen, bei Pythons 56–65 Tage. Während der Brutdauer sollten die Eier hell und prall aussehen. Einzelne Verfärbungen sind meistens harmlos. Ein „Schieren" der Eier vor einer Lichtquelle, um die sich entwickelnden Blutgefäße und somit die Entwicklung eines Embryos zu überprüfen, ist wie bei Vogeleiern möglich. Allerdings kann die Entnahme der Eier aus dem Inkubator und die Hitze der Lichtquelle zu Schädigungen des Embryos führen. Eine temperaturabhängige Beeinflussung des Geschlechts wie sie von Schildkröten bekannt ist, wurde bisher bei Schlangen nicht festgestellt. Das Geschlecht wird bei Schlangen durch spezielle Geschlechtschromosomen festgelegt.

Schlupf

Schlupfvorgang

Einige Tage vor dem Schlupf wirken die vorher prallen Eier meistens leicht eingefallen. Auch das Ausschwitzen von Wassertropfen kann manchmal beobachtet werden. Die Jungschlangen schlüpfen, indem sie mit ihrem Eizahn die Eischalen anritzen. Meistens ritzen sie das Ei erst einmal an der Oberseite an, um dann noch bis zu 48 Stunden im Ei zu verbleiben. Meistens wird durch die angeschnittene Eischale zunächst nur der Kopf geschoben und bei vermeintlicher Gefahr auch sofort wieder zurückgezogen. Der Schlupf aller Jungtiere zieht sich oft über einen Zeitraum von ein bis vier Tagen hin. Einzelne Tiere können ausnahmsweise auch erheblich vor oder nach dem Schlupf der Geschwistertiere schlüpfen, insbesondere wenn man einen kleineren Brüter benutzt, sodass einzelne Eier mehr Wärme abbekommen als der Rest des Geleges. Beim völligen Verlassen des Eies reißt in den meisten Fällen die Nabelschnur ab. Nur in seltenen Fällen passiert dies nicht, sodass Teile der Nabelschnur oder sogar des Dottersackes an der frisch geschlüpften Schlange zu sehen sind. Solche Tiere sollten separat in kleinen Terrarien auf Zellstoff untergebracht werden. In den meisten Fällen trocknet die Nabelschnur von selbst ein und fällt ab. Die übrigen normal geschlüpften Jungschlangen sollten baldmöglichst aus dem Inkubator entnommen und in ein separates Aufzuchtterrarium verbracht werden.

Schlupfhilfe

Bei manchen Eiern gelingt dem vollentwickelten Fetus der Schlupf nicht. Die Ursachen können vielfältig sein und sind auch nicht immer genau auszumachen. In einigen Fällen ist sicherlich eine schlechte Kondition der Elterntiere die Ursache. Falls die Jungschlange nicht bereits abgestorben ist, kann eine Schlupfhilfe helfen. Die Schlupfhilfe wird kontrovers diskutiert. Einerseits gelingt dadurch, dass gerade bei wertvollen Nachzuchten das eine oder andere Jungtier, welches sonst vielleicht verendet wäre, am Leben bleibt. Andererseits machen aber gerade solche Jungtiere oft bei der Aufzucht Probleme und können eine gewisse Anfälligkeit auch an ihre Nachkommen weitergeben.

EIER ÖFFNEN Wenn der größte Teil der Jungschlangen geschlüpft ist und noch ein oder zwei Eier keine Anzeichen eines Schlupfes zeigen, können diese eventuell manuell geöffnet werden. Dabei wird mit einer feinen Schere an der Oberseite des Eies ein kleiner, flacher Schnitt gelegt. Tritt dabei etwas klare Flüssigkeit ohne wahrnehmbaren Geruch aus, dürfte die Jungschlange noch am Leben sein. Ist die Flüssigkeit hingegen trüb, milchig oder riecht sogar schon faulig, so ist der Fetus bereits abgestorben. Allerdings sollten die Eier auf keinen Fall zu früh geöffnet werden, da dadurch ein Absterben der Jungschlangen provoziert werden kann. Unproblematisch ist es, wenn eine Jungschlange das Ei schon ein- oder mehrmals in Längsrichtung angeritzt hat, aber nach 48 Stunden noch nicht aus dem Ei geschlüpft ist. Hier hat es sich bewährt, mit einer feinen Schere durch Schnitte, die die Längsschnitte verbinden, ein größeres Schlupfloch zu schaffen und so dem Tier den Schlupf zu erleichtern.

Zwei Könignattern kurz vor dem Schlupf. Mit dem Eizahn werden die Eischalen angeritzt.

JUGENDFÄRBUNG In vielen Fällen wird der Schlangenbesitzer erstaunt sein, wie wenig die frisch geschlüpften Jungschlangen den Eltern in der Färbung oder Musterung gleichen. Die so genannte Jugendfärbung ist bei vielen Schlangenarten bekannt. So besitzen zum Beispiel Jungschlangen des Baumpythons noch eine gelbe, orangefarbene oder rostrote Färbung, die erst nach einigen Häutungen in die grüne Farbe der adulten Tiere wechselt. Junge Kornnattern sind wesentlich dunkler und zeigen ein anderes Fleckenmuster als erwachsene Tiere.

Aufzucht

Aufzuchtterrarium

Oft fangen mit dem Schlupf beziehungsweise der Geburt der Jungschlangen erst die eigentlichen Probleme an: Es müssen passende

CHECKLISTE

Ursachen nicht geglückter Nachzucht

Geschlechtsunabhänige Ursachen:

- Zuchttiere sind zu jung oder schlechte Verfassung der Zuchttiere.
- Ungünstiges Geschlechterverhältnis.
- Ungeeignete Umgebung (Terrarium zu klein, fehlende Verstecke).
- Stressfaktoren wie unruhige Umgebung, zu viele Männchen, Überbesatz des Terrariums, zu häufiges Herausnehmen der Tiere.
- Haltungsfehler.

Probleme bei männlichen Tieren:

- Das Sperma ist durch Toxinwirkung, zu hohe Temperaturen, Röntgenstrahlung u.A. geschädigt worden.
- Bei Arten aus gemäßigten Zonen: keine Spermaproduktion infolge fehlender Überwinterung.
- Bei tropischen Arten: Schädigung des Spermas durch zu niedrige Temperaturen.
- Abnormalität der Hemipenes, z.B. durch Infektion nach unsachgemäßem Sondieren oder Amputation nach Hemipenis-Vorfall.
- Geschlechtsbestimmung mit Hilfe von Gleitgel, welches auch Spermien abtötend wirkt.

Probleme bei weiblichen Tieren:

- Zu kalte oder zu warme Temperaturen vor der Paarung.
- Tragendes Weibchen wurde Toxinen oder Strahlung ausgesetzt.
- Untergewicht oder Verfettung.
- Eiretention: Ein altes Ei aus vorhergehendem Fortpflanzungszyklus befindet sich noch im Eileiter.
- Eileiterentzündung oder andere Erkrankung.

Terrarien in genügend großer Anzahl bereitstehen, die Beschaffung ausreichender Mengen passenden Futters muss gewährleistet sein, die Jungschlangen kosten in ihrer Betreuung sehr viel Zeit, vor allem wenn Futterverweigerer darunter sind. Wenn die Schlangenbabies geschlüpft sind, werden sie am besten einzeln in kleine (Plastik-)Terrarien untergebracht. Die Terrarien selber können dann in ein großes Terrarium mit entsprechenden Heizeinrichtungen und Beleuchtung oder einfach nur in einen entsprechend warmen Raum untergebracht werden. Oft wird der Fehler gemacht, die Tiere in relativ geräumigen Terrarien unterzubringen, was sich nicht nur auf die Bereitschaft zur Futteraufnahme, sondern auch negativ auf die Kontrolle der Jungschlangen auswirkt. Die Jungtiere verkriechen sich in den verschiedenen Verstecken, in der Dekoration oder entkommen sogar durch Ritzen, sodass eine tägliche Kontrolle jeder einzelnen Jungschlange

TIPP

Nahrungsverweigerer austricksen
In vielen Fällen wird eine Maus ohne Probleme angenommen. In den Fällen, in denen die Schlange das Futtertier verweigert, kann zu verschiedenen Tricks gegriffen werden.

- Die Babymaus wird mit einer Pinzette gefasst und die Jungschlange gereizt, bis sie zubeißt.
- Ein totes Futtertier wird angeboten, evtl. die Schädelkapsel etwas anritzen, sodass etwas Blut und Hirn austritt. Dies soll auf viele Schlangen eine Appetit anregende Wirkung haben.
- Gerade bei auf Reptilien spezialisierten Schlangen, z.B. Königsnattern, kann es helfen, die Babymaus mit etwas Echsenduft zu verwittern, indem die Babymaus an der Haut einer Echse gerieben wird.
- Die Haut der Babymaus wird mit einem so genannten „Lizard Maker" (leider in Deutschland nicht erhältlich, nur in den USA) benetzt.
- Andere Futtertiere anbieten: Wachtelküken, kleine Futtergeckos. Dabei besteht aber das Problem, dass sich die Schlange später nicht mehr auf andere Futtertiere umstellen lässt.
- Zwangsfütterung, wenn die Jungschlange über mehrere Wochen hinweg das Futter verweigert. Kleine Nattern können mit Teilen einer Babymaus gestopft werden. Dies sollte allerdings nur durch Personen erfolgen, die damit viel Erfahrung haben, um die Jungschlange nicht zu verletzen. Nicht selten fangen die Jungschlangen nach der ersten Zwangsfütterung mit der spontanen Futteraufnahme an. Zur Zwangsfütterung eignen sich auch kleine Fische. Für kleine Nattern gibt es die „Pinky Pump", ein Gerät, das die Zwangsfütterung sehr erleichtert, aber leider relativ teuer ist.
- Wenn über längere Zeit zwangsgefüttert werden muss, kann auch eine Ernährung über eine Magensonde erfolgen, was aber durch einen Fachmann erfolgen muss. Es können pürierte Futtertiere oder eine Sondennahrung, wie sie auch für Katzen verwendet wird, eingesetzt werden. Die Zwangsfütterung sollte in diesem Fall einmal pro Woche erfolgen.
- Bei Arten, die Winterruhe halten, wurde auch schon von Erfolgen berichtet, wenn Futter verweigernde Jungschlangen für 4–6 Wochen eingewintert wurden. Nach dem Erwachen sollen die Tiere (in diesem Fall Erdnattern) problemlos ans Futter gegangen sein.

unmöglich ist. Vor allem am Anfang sind die Jungschlangen empfindlich gegen Austrocknung, sodass regelmäßig gesprüht werden muss. Die kleinen Aufzuchtterrarien sollten ähnlich einem Quarantäneterrarium sparsam und praktisch eingerichtet werden. Als Bodengrund und Versteck hat sich Zellstoff sehr bewährt, da er hygienisch und einfacher und schneller auszuwechseln ist als ein Bodengrund wie Kokoserde oder Holzstückchen. Daneben muss natürlich eine kleine Wasserschale vorhanden sein. Es muss auf einen guten Verschluss der Plastikboxen bzw. Terrarien geachtet werden, da speziell Jungschlangen sich durch kleinste Ritzen zwängen können. Zwischen den Glasscheiben von käuflichen Terrarien passen kleinere Jungschlangen bequem hindurch, wenn sie nicht gerade Futter aufgenommen haben. Deshalb müssen diese Ritzen abgeklebt wer-

Junge Kornnattern sind anders gezeichnet als erwachsene Tiere. Die Färbung ändert sich nach einigen Häutungen.

den. Die bei den Plastikboxen vorhandenen Plastikfenster sollten an ihren Kanten ebenfalls abgeklebt werden, da kleinen Jungschlangen auch durch diese entweichen können.

Fütterung der Jungschlangen

VORBEREITUNGEN TREFFEN Die regelmäßige Beschaffung der oft sehr kleinen Futtertiere wie frisch geborene Babymäuse in ausreichenden Mengen kann bei einem großen Gelege/Wurf problematisch werden. Daher sollte schon während der Inkubation der Eier dafür Vorsorge getragen werden. Auch sollte man sich rechtzeitig nach neuen Besitzern umsehen, was in Form von Anzeigen in einschlägigen Journalen, über die lokalen Aquarien- und Terrarienvereine sowie über das Internet erfolgen kann.

ERSTE FUTTERAUFNAHME Die Jungtiere beginnen mit der Futteraufnahme erst, wenn sie sich bereits einmal gehäutet haben, was bei den meisten Arten etwa eine Woche nach dem Schlupf passiert. In der Zeit nach dem Schlupf zehren die Tiere noch von den Dottersackresten, die über den Dottersackstiel in das Körperinnere eingezogen werden.

HEIKLE ESSER Jungschlangen können gerade bei der ersten Futteraufnahme sehr heikel sein. Das Futtertierspektrum kann bei Jungschlangen völlig anders sein als bei adulten Tieren. Bei vielen Arten ist nicht bekannt, welche Beutetiere von den Jungschlangen unter natürlichen Bedingungen angenommen werden. Dementsprechend kann es z.B. bei Jungschlangen wie generell auf Echsen oder Reptilien spezialisierten Schlangen zur Futterverweigerung kommen, wenn Nager angeboten werden. Allerdings lassen sich die meisten Schlangen mit der Zeit auf Ersatznahrung wie Mäuse umstellen.

FUTTER ANBIETEN Am besten wird zuerst die Jungschlange mit einer lebenden Babymaus einer der Schlange entsprechenden Größe über Nacht in eine Plastikbox verbracht. Junge Kornnattern sollten z.B. frisch geborene Babymäuse erhalten, während jungen Königspythons schon Mäuse in Springergröße gefüttert werden.

FÜTTERFREQUENZ Jungtiere sollten in kürzeren Abständen als erwachsene Tiere gefüttert werden. Das erste halbe Jahr werden die meisten Jungschlangen wöchentlich gefüttert. Junge Strumpfbandnattern und Grasnattern sollten alle 2–3 Tage gefüttert werden. Es empfiehlt sich, Jungschlangen erst an andere Halter abzugeben, wenn sie wirklich futterfest sind, d.h. schon mehrmals hintereinander sofort spontan das Futtertier angenommen haben.

Mietrecht

Prinzipiell gilt die Regelung, dass der Vermieter die Haltung von kleinen Heimtieren, die keine Störungen wie Geruch oder Lärm verursachen, nicht untersagen kann. Bei der Schlangenhaltung hingegen kann die Haltung ohne Genehmigung des Vermieters ein Kündigungsgrund sein. Wenn der Streitfall vor Gericht endet, muss der Schlangenhalter damit rechnen, zu unterliegen. Es gibt inzwischen auch Urteile, die die Haltung harmloser Schlangen für zulässig halten. Anders sieht es bei Schlangen aus, deren Haltung einer generellen Genehmigung unterliegt, was in einigen Bundesländern bei Gift- und/oder Riesenschlangen der Fall ist. Eine Haltung solcher Tiere in einer Mietwohnung wird als vertragswidrige Nutzung der Wohnung angesehen, da eine Gefährdung anderer Personen bei Ausbruch der Tiere besteht. Selbst Schlangenbesitzer, die in einer Eigentumswohnung wohnen, können Probleme bekommen, wenn eine Eigentümergemeinschaft die Haltung untersagt.

REGELUNGEN IN BUNDESLÄNDERN In acht deutschen Bundesländern gibt es Regelungen zur Haltung von gefährlichen Tieren, unter die auch Riesenschlangen und/oder Giftschlangen fallen: Bayern, Berlin, Bremen, Mecklenburg-Vorpommern, Niedersachsen, Saarland, Sachsen-Anhalt und Schleswig-Holstein. In diesen Bundesländern ist die Haltung von Riesen- und/oder Giftschlangen genehmigungspflichtig und unterliegt bestimmten Auflagen. Man sollte sich auf jeden Fall vor der Anschaffung einer Riesen- oder Giftschlange bei der Gemeinde erkundigen, ob und welche Auflagen bestehen. Verstöße können mit einer Geldbuße geahndet oder zur Beschlagnahmung führen.

Tierschutzrecht

Es verpflichtet jeden Tierhalter zu einer artgerechten Haltung. 1997 wurde ein „Gutachten über die Mindestanforderungen an die Haltung von Reptilien“ erstellt, welches zwar keine Gesetzeskraft hat, jedoch von Amtstierärzten und Gerichten als Richtlinie zur Beurteilung einer artgerechten Haltung herangezogen wird.

Artenschutz

Viele Schlangenarten sind vom Aussterben bedroht. Daher unterliegen einige Spezies artenschutzrechtlichen Regelungen. Solche Schlangen sind spätestens 14 Tage nach Zu- oder Abgang der zuständigen Behörde (untere Naturschutzbehörde oder Landratsamt) unter Vorlage der jeweils nötigen Papiere zu melden. Für unter Anhang-A gelistete Arten sind CITES-Papiere und eine individuelle Kennzeichnung des Tieres (z.B. mittels Fotos oder Mikrochip) erforderlich; für unter Anhang B gelistete Arten genügt ein Herkunftsnachweis (Kaufvertrag und Quittung). Da immer wieder neue Arten in die Anhänge aufgenommen oder wieder herausgenommen werden, sollte man vor dem Kauf zum Beispiel beim Bundesamt für Naturschutz oder über das Internet in Erfahrung bringt, welchen Schutzstatus die jeweilige Art zur Zeit gerade hat (www.wisia.de).

WASHINGTONER ARTENSCHUTZABKOMMEN (WA) Es gilt in Deutschland seit 1976 und regelt den internationalen Handel mit geschützten Tiere und Pflanzen und Teilen davon. Das WA enthält drei Anhänge, Anhang I-III. Der gewerbliche Handel mit Anhang I-Arten ist nicht zulässig, Ausnahmen selten, z.B. für wissenschaftliche Zwecke. Anhang II-Arten dürfen unter

Eine artgerechte Schlangenhaltung ist Pflicht. Informieren Sie sich gründlich über die Bedürfnisse der jeweiligen Art.

bestimmten Voraussetzungen gehandelt werden, eine Einfuhrgenehmigung ist erforderlich. Anhang III-Arten dürfen unter der Voraussetzung, dass Begleitdokumente vorhanden sind, gehandelt werden. Riesenschlangen sind praktisch alle unter Anhang II, manche sogar unter Anhang I gelistet.

EU-ARTENSCHUTZVERORDNUNG NR. 338/97 ist seit 1997 in der gesamten EU gültig. Die Verordnung regelt die Ein- und Ausfuhr geschützter Tier- und Pflanzenarten in die bzw. aus der EU. Die einzelnen Mitgliedsstaaten der EU können aber im Bedarfsfall strengere Bestimmungen erlassen. Es gibt vier Anhänge (A bis D), wobei Tiere, die dem Anhang I des WA angehören, dem Anhang A zugeordnet sind und nicht gehandelt werden dürfen. Die EU-Artenschutzverordnung ist zum Teil noch restriktiver als das WA, da im Anhang A auch noch Arten aufgeführt sind, die aus anderen Gründen in besonderem Maß vom Aussterben bedroht sind. Anhang A gelistete Schlangen sind zurzeit *Vipera latifii* (Ebursotter), *Vipera ursinii* (Wiesenotter), *Acrantophis spp.* (Madagaskar-Boas), *Boa constrictor occidentalis* (Südboa), *Bolyeria mutlicarinta* (Mauritius-Boa), *Casarea dussumieri* (Round-Island-Boa), *Epicrates inornatus*(Puerto-Rico-Boa), *Epicrates monensis* (Mona-Schlankboa), *Epicrates subflavus* (Jamaika-Boa), *Eryx jaculus* (Sandboa), *Python molurus molurus* (Heller Tigerpython), *Sanzinia madagascariensis* (Madasgaskar-Hundskopfboa). Anhang B enthält Arten, die im Anhang II des WA aufgeführt sind; WA I-Arten, zu denen ein Staat Vorbehalte angemeldet hat, sowie Arten, die entweder durch den Handel gefährdet sind oder die, wenn sie in die EU verbracht und ausgesetzt werden, eine Gefahr für die einheimische Tier- und Pflanzenwelt darstellen. Es werden hier auch Arten aufgenommen, die einer Art aus Anhang A oder B so ähnlich sind, dass eine Verwechslungsgefahr besteht und somit eine Kontrollmöglichkeit gegeben ist. Im Anhang B finden sich neben Giftnattern wie der Kobra *(Naja naja)* und der Königskobra *(Ophiophagus hannah)* auch ungiftige Nattern wie die Mussurana *(Clelia clelia)*, die Brasilianische Glattnatter *(Cyclagras gigas)*, die Indische Eierschlange *(Elachistidodon westermanni)*, die Rattennatter *(Ptyas mucosus)*, alle Ottern *(Viperidae)*, die Aruba-Insel-Klapperschlange *(Crotalus unicolor)*, die Willards Klapperschlange *(Crotalus willardi)*, Wagners Bergotter *(Vipera wagneri)* sowie alle Riesenschlangen *(Boidae)*, die nicht im Anhang A aufgeführt sind. Anhang C enthält die Arten, die auch in im Anhang III des WA aufgeführt sind.

BUNDESNATURSCHUTZGESETZ Es erlaubt u.A. nicht, besonders geschützte Arten, zu denen auch alle einheimischen Schlangenarten gehören, aus der Natur zu entnehmen.

IMPRESSUM

Bildnachweis

Farbfotos von:
Wally und Burkhard Kahl (21): 20/21, 30, 34l, 35l, 35r, 36l, 36r, 37l, 37r, 41r, 42l, 46l, 47r, 48/49, 52, 56/57, 74, 77, 80/81, 88, 114/115.
Dr. Rudolf König (15): 8/9, 12, 22/23, 26, 39r, 44r, 59, 60o, 61u, 62/63, 76, 96/97, 99, 106/107, 113.
Dr. Petra Kölle (40): 2, 7 (beide), 15 (beide), 17, 38l, 38r, 39l, 40r, 42r, 44l, 45l, 46r, 54, 58, 64, 65, 66, 67, 69, 72, 78 (beide), 82, 84, 85, 86, 87, 89, 91, 100, 101 (beide), 102/103, 108 (beide), 109, 110, 117.
Frank Hecker (14): 16, 19, 24/25, 27, 28/29, 31r, 32l, 33l, 43l, 43r, 45r, 51, 55, 70.
Dr. F. Sauer/Frank Hecker (10): 4/5, 10, 31l, 32 r, 33r, 40l, 41l, 47l, 60m, 104/105.
Manfred Rogner (4): 34 r, 60u, 61o, 61m.

Mit drei Zeichnungen von Kay Elzner, S.11, 13 und S.14.

Alle Angaben in diesem Buch erfolgen nach bestem Wissen und Gewissen. Sorgfalt bei der Umsetzung ist indes dennoch geboten. Verlag und Autor übernehmen keinerlei Haftung für Personen-, Sach- oder Vermögensschäden, die aus der Anwendung der vorgestellten Materialien und Methoden entstehen können.

KOSMOS
Postfach 106011
D-70049 Stuttgart
TELEFON +49 (0)711-2191-0
FAX +49 (0)711-2191-422
WEB www.kosmos.de
E-MAIL info@kosmos.de

Impressum

Umschlaggestaltung von eStudio Calamar unter Verwendung von 4 Farbfotos von Wally und Burkhard Kahl (U1 großes Motiv/U4), Dr. Petra Kölle (U1 Blase oben) und Dr. Rudolf König (U1 Blase unten).

Mit 104 Farbfotos.

Bibliografische Information Der Deutschen Bibliothek

Die Deutsche Bibliothek verzeichnet diese Publikation in der Deutschen Nationalbibliografie; detaillierte bibliografische Daten sind im Internet über http://dnb.ddb.de abrufbar.

Gedruckt auf chlorfrei gebleichtem Papier

ISBN 3-440-09377-8
Redaktion: Christine Axmann
Gestaltungskonzept: eStudio Calamar
Gestaltung und Satz: Guido Schlaich
Produktion: Kirsten Raue, Markus Schärtlein
Printed in Czech Republic / Imprimé en République tchèque
Druck und Binden: Tesinska Tiskarna, a.s., Cesky Tesin

ZUM WEITERLESEN

BÜCHER

Blahak, Dr. Silvia:
Schlangen richtig pflegen.
Landbuch-Verlag 1999.

Kölle, Dr. Petra:
Reptilienkrankheiten.
Kosmos-Verlag 2002.

Rauh, Jens:
Grundlagen der Reptilienhaltung.
Natur- und Tier-Verlag 2000.

Ross, Richard A./Marzec, Gerald:
Riesenschlangen – Zucht und Pflege.
Bede-Verlag 1994.

Rogner, Manfred:
Terraristik.
Kosmos-Verlag 2002.

Dost, Uwe:
Das Kosmos-Buch der Terraristik.
Kosmos-Verlag 2000.

Friedrich, Ursula/Volland, Werner:
Futtertierzucht.
Ulmer-Verlag 1998.

van Kampen, Thomas:
Grundkurs Terrarium
Kosmos-Verlag 1997.

GUTACHTEN

Das „Gutachten über die Mindestanforderungen an die Haltung von Reptilien" ist erhältlich beim Bundesministerium für Ernährung, Landwirtschaft und Forsten in Bonn oder über die DGHT.

ZEITSCHRIFTEN

ELAPHE + SALAMANDRA
Zeitschriften der DGHT, im Mitgliedsbeitrag enthalten.

REPTILIA
Natur- und Tier-Verlag
Matthias Schmidt
An der Kleinmannbrücke 39
48157 Münster
Tel: 0251-143953

DRACO
Natur-und Tierverlag
Matthias Schmidt
Adresse siehe Reptilia

DATZ
Die Aquarien- und Terrarienzeitschrift
Verlag Eugen Ulmer
Postfach 700561
70574 Stuttgart
Tel: 0711-45070

HERPETOFAUNA
Zeitschrift für Reptilien- und Amphibienkunde
herpetofauna-Verlags GmbH
Römerstr. 21
71384 Weinstadt
Tel + Fax: 07151-600677

SAURIA
Terraristik und Herpetologie
Terrariengemeinschaft Berlin e.V.
Geschäftsstelle: Barbara Buhle
Planetenstr. 45
12105 Berlin
Tel: 030-6947140

ADRESSEN

Terrarienkundliche Vereinigungen

In den meisten größeren Städten existieren terrarienkundliche Vereine, oft in Kombination mit Aquaristik. Die Adressen können der lokalen Presse entnommen werden.

DGHT
Die derzeit größte terrarienkundliche Vereinigung in Deutschland ist die DGHT (Deutsche Gesellschaft für Herpetologie und Terrarienkunde). Es existieren in vielen größeren Städten Regionalgruppen. Außerdem gibt es zahlreiche Untergruppierungen, so genannte Arbeitsgemeinschaften, die sich mit speziellen Reptiliengruppen oder -themen befassen.

DGHT-Geschäftsstelle
Postfach 1421
53351 Rheinbach
Tel: 02225-703333
Fax: 02225-703338
Internet: http://www.dght.de

DGHT-AG Schlangen
c/o Dieter Preißler
Albestr. 2
D-12159 Berlin
Tel.: 030-85999756

Untersuchungsstellen

Poliklinik für Vogel- und Reptilienkrankheiten
Universität Leipzig
An den Tierkliniken 17
04103 Leipzig
Tel: 0341-97384-00

ExoMed – Institut für veterinärmedizinische Betreuung niederer Wirbeltiere und Exoten
Am Tierpark 64
10319 Berlin
Tel: 030-51067701

GeVo Diagnostik
Jakogstr. 65
70794 Filderstadt

Institut für Zoologie, Fischereibiologie und Fischkrankheiten der Universität München
Kaulbachstr. 37
80539 München
Tel: 089-2180-2283

Justus-Liebig-Universität Gießen
Institut für Geflügelkrankheiten
Frankfurter Str. 87
35392 Gießen
Tel: 0641-9938432

Auf Reptilien spezialisierte Tierärzte

finden Sie im Internet unter www.reptilien.de oder www.dght.de nach Postleitzahlen geordnet oder können bei der Geschäftsstelle der DGHT telefonisch erfragt werden.

INTERNET

www.datz.de

www.dght.de

www.herpnutrition.com

www.reptil.net

www.reptilien.de

www.terraristik.net

www.wisia.de

KOSMOS

Praxiswissen Terraristik

Die Reihe mit dem komfortablen Informationszugriff

- Praxisnah und kompetent für Einsteiger und Fortgeschrittene
- Umfassende Informationen über Pflege, Ernährung, Zucht und Gesundheit – Expertenrat für gesunde Tiere
- Gestalten Sie Schritt für Schritt naturnahe Lebensräume im Terrarium

Manfred Rogner
Frösche
ISBN 3-440-08900-2

Manfred Rogner
Terraristik
ISBN 3-440-09091-4

Heidi Rogner
Landschildkröten
ISBN 3-440-08901-0

Petra Kölle
Reptilienkrankheiten
ISBN 3-440-09010-8

Jeder Band mit

124 Seiten
ca. 120 Abbildungen
gebunden

Je € 15,90
€/A 16,40; sFr 27,40

Die Reihe wird fortgesetzt

www.kosmos.de

Preisänderung vorbehalten